Sereina Heim

Seelenkinder und wie sie in ihrer Familie wirken

Sereina Heim

Seelen-kinder

und wie sie in ihrer Familie wirken

Einfache Hilfe für Babys und Kinder bei Einschlaf-problemen, übermäßigem Schreien, Hyperaktivität, Geschwisterstreit und vielem mehr

KÖSEL

Ebenfalls erhältlich von Sereina Heim:
Familienbande. 7 Wege zu einer harmonischen und starken Eltern-Kind-Beziehung, Kösel 2019.

MIX
Papier | Fördert gute Waldnutzung
FSC® C014496

Penguin Random House Verlagsgruppe FSC® N001967

4. Auflage 2026

Neumarkter Straße 28, 81673 München
produktsicherheit@penguinrandomhouse.de
(Vorstehende Angaben sind zugleich
Pflichtinformationen nach GPSR.)
Umschlag: Weiss Werkstatt München
Umschlagmotiv: © Shutterstock.com (TairA; Pictures_for_you)
Satz: Fotosatz Amann, Memmingen
Lektorat: Mihrican Özdem, Landau
Druck und Bindung: GGP Media GmbH, Pößneck
Printed in Germany
ISBN 978-3-466-31094-4
www.koesel.de

»Alles was ich erkenne, erkenne ich nur, weil ich liebe.«

Leo Tolstoi

Inhaltsverzeichnis

Einleitung

Elternratgeber zielen normalerweise auf eine Änderung im Verhalten des Kindes ab. Dieser ist anders: Das Ziel ist eine Veränderung im Bewusstsein der Eltern. Denn durch die Korrektur des Familienbildes lässt sich auf wundersame Weise das Problem des Kindes lösen. Somit kommt dieses Rat gebende Buch ganz ohne Erziehungstipps aus.

Ich möchte Ihnen zeigen, wie Sie Ihrem Kind helfen können, wenn es unter Einschlafschwierigkeiten, Wutanfällen, hyperaktivem Verhalten oder körperlichen Beschwerden leidet. Viele Ursachen für kindliche Verhaltensauffälligkeiten sind bekannt. Doch bei einem nicht unerheblichen Teil der Kinder greifen keine Therapien, und die Eltern sind ratlos.

Ich möchte Sie mit diesem Buch ermuntern, die Probleme Ihrer Kinder aus einem neuen Blickwinkel zu betrachten. Meine hellsichtigen Fähigkeiten ermöglichen es mir, hinter die Kulissen des Familienalltags zu schauen. So habe ich erkannt, dass in Familien mit Kindern, die nie geboren wurden, die lebenden Geschwisterkinder oft große Schwierigkeiten haben. Weil sie die Seelenkinder spüren.

Seelenkinder, das sind Kinder, die nur ein paar Tage oder Wochen im Mutterleib verweilen und aufgrund einer Fehlgeburt oder Abtreibung sterben. Den Begriff Seelenkinder habe ich gewählt, weil er mir für diese früh verstorbenen Kinder so passend erscheint. Ihre Seele bleibt mit der Familie verbunden, oft ohne dass dies der Familie bewusst ist. Die Geschwisterkinder entwickeln daraufhin problematische Verhaltensweisen.

Dieses Buch beschreibt aus der Geschwisterperspektive die Wirkung, die Seelenkinder auf ihre Familie haben können. Ausgehend von konkreten Problemen, mit denen viele Familien konfrontiert sind, möchte ich die spirituellen Zusammenhänge aufzeigen, die hinter den Problemen wirksam sind. Kinder spüren verborgene Familienthemen auf, als wären es die schönsten Schätze.

Meine Form der Familientherapie ist geprägt von einer »praktischen« Spiritualität gepaart mit pädagogischem Fachwissen. Es ist mir wichtig, ein problematisches Verhalten eines Kindes immer im familiären Zusammenhang anzuschauen. Es liegt mir aber fern, mit dem Finger darauf zu zeigen, was in Ihrer Familie vielleicht falsch läuft. Vielmehr ist es mir ein Anliegen, Ihnen zu zeigen, wie Sie allein durch die Veränderung Ihres Bewusstseins die Konstellation, die zu dem Problem geführt hat, ändern können. Was vorher blockierend war, wird zu etwas Stärkendem. Um familiäre Probleme zu lösen, genügt es oft, dass die Eltern ihre innere Haltung bewusst verändern. Dabei möchte ich Ihnen helfen. Ich zeige Ihnen konkrete Übungen, die Sie dabei unterstützen. Vor allem aber erkläre ich Ihnen die Welt Ihrer Kinder, wie Sie sie vielleicht noch nie gesehen haben.

Das Familiensystem

Bevor ich Ihnen mehr von den Seelenkindern erzähle, möchte ich auf die energetischen Zusammenhänge innerhalb einer Familie eingehen. Nur mit diesem Wissen können Sie später die Bedeutung der Seelenkinder für die Familie richtig erfassen und meine Argumentation nachvollziehen. Was bedeutet es, eine Familie zu sein? Weswegen ist die Familie für unser Leben so entscheidend?

Die innere Verbundenheit

Eine Familie ist keine Ansammlung zufällig anwesender Personen, sondern ein energetisches Gefüge, in dem jeder mit jedem verbunden ist. Der therapeutische Ansatz Bert Hellingers basiert auf diesem Verständnis. Seine Erkenntnisse fließen in meine Ausführungen hinein. Ich vermittle Ihnen, liebe Leserinnen und Leser, hier eine ganzheitliche Sichtweise auf familiäre Schwierigkeiten, die systemisch begründet ist. Die Familie als ein System zu begreifen bedeutet, die einzelnen Personen nicht als unabhängige Einzelteile zu verstehen, sondern als Teile des großen Ganzen. Die Mitglieder einer Familie beeinflussen sich gegenseitig im Fühlen und Erleben. Bei Schwierigkeiten lohnt es sich deswegen, nicht isoliert auf das Problem zu schauen. Stattdessen sollte man versuchen, die Hintergründe zu erfassen, die zu dem Problem geführt haben. Sie können sich das vorstellen wie einen Eisberg, der aus dem Wasser ragt. Wenn ein Kind ein problematisches Verhalten zeigt und beispielsweise täglich mehrere Wutanfälle bekommt, sind die Wutanfälle unter Umständen nur die Spitze des Eisberges. Unter der Wasseroberfläche verbirgt sich ein komplexes Gefüge von ungelösten Themen, Traumata oder Verstrickungen, die in der Familie vorhanden sind und indirekt auf das Kind einwirken, auch wenn das Kind selbst nichts davon erlebt hat. Die Wutanfälle verweisen bloß auf den verborgenen Teil des Eisberges. Dies ist möglich durch die enge energetische Verbindung, die zwischen den einzelnen Familienmitgliedern besteht. Diese Verbindung entsteht nicht durch gemeinsam verbrachte Zeit oder geteilte Erlebnisse. Sie entsteht bei der Zeugung des Kindes.

Die Bedingungen für das Leben

Zwischen zwei Menschen, die sich begegnen, entsteht immer ein energetisches Feld. Wenn beide positive Gefühle füreinander hegen und sich voneinander angezogen fühlen, entsteht ein starkes Feld. Die stärkste Form, ein gemeinsames Feld zu erzeugen, ist die Sexualität. Die gegenseitige Anziehung findet in der sexuellen Handlung wortwörtlich ihren Höhepunkt. Dieses Feld wirkt ähnlich einem Magneten und zieht die Seele des Kindes an. Wenn das energetische Feld zwischen Mann und Frau sehr stark ist, hat es die Seele leicht, den Weg ins Leben zu finden. Wobei das Feld nicht nur durch die Sexualität entsteht, sondern auch durch die gegenseitige Liebe und Zuneigung. Nun kommen immer mehr Kinder durch künstliche Befruchtung zur Welt. Darauf komme ich später zu sprechen. Hier geht es mir darum, die Familienenergie und ihre natürliche Entstehung darzulegen.

Eine Zeugung kann nur stattfinden, wenn ein dreifaches Ja gegeben ist: das Ja der Seele der Mutter, das Ja der Seele des Vaters und das Ja der Seele des Kindes. Die Entscheidung fällt die Seele, nicht der Verstand. Nur wenn alle drei Seelen das neue Leben bejahen, kann ein Kind gezeugt werden. Das heißt umgekehrt: Wenn nicht alle drei Seelen Ja zueinander sagen, findet keine Zeugung statt. Die Eltern entscheiden sich seelisch also immer für das Kind. Die Zustimmung zum Kind erfolgt, bevor die Eltern das Kind sehen oder spüren können. Somit ist diese Zustimmung bedingungslos und nicht an spätere Verhaltensweisen des Kindes oder Bedingungen der Eltern geknüpft. Das Kind kann sich die Zustimmung nicht verdienen, sie ist einfach da als Geschenk. Sie ist die Voraussetzung für das Entstehen des Kindes, und alles, was die Seele des Kindes dazu beitragen kann, ist, ebenfalls seine Zustimmung zu diesen Eltern, so wie sie sind, zu geben. Weil man auf seelischer Ebene Ja zueinander sagt, ist man eine Familie, die für immer zusammengehört. Die Zustimmung zueinander schafft die Verbindung, noch bevor das Kind geboren ist. Das heißt, die Verbindung ist ab dem Moment der Zeugung gegeben. Das Leben beginnt ebenfalls mit der Zeugung, das Ja des Kindes zu seinen Eltern ist gleichzeitig die Bejahung des Lebens und wirkt als Initialkraft, die es der Seele ermöglicht, sich dem Leben zuzuwenden.

Daneben gibt es eine weitere Kraft, die das Leben ermöglicht, und zwar das Leben selbst. Das Leben möchte sich ausdrücken, entfalten und vor allem reproduzieren. Wir Menschen stehen im Dienst des Lebens, und stellen uns gewissermassen dem Leben zur Verfügung, so dass es sich vervielfältigen kann. Das ist etwas Unpersönliches, es geschieht einfach. Somit bestimmt das Leben, ob und wann und unter welchen Umständen ein Kind gezeugt wird. Die größeren Zusammenhänge bleiben unserem Verstand und unserem Gefühl verborgen. Warum kommt ein Kind ausgerechnet nach einer Vergewaltigung zur Welt? Vielleicht wird es später ein Heilmittel gegen Alzheimer entdecken und es ist darum sinnvoll, dass genau dieses Kind von genau diesen Eltern zu genau dieser Zeit empfangen wird und zur Welt kommt. Wieso bekommt ein liebevolles, gutsituiertes Ehepaar mit grossem Kinderwunsch trotz mehrerer In-vitro-Fertilisationen kein Kind? Vielleicht ist es die Aufgabe dieses Paares, sich um Pflegekinder zu kümmern, die sonst kein behütetes

Zuhause hätten. Es gibt eine Dimension, die größer ist als unsere Wunschvorstellung, und das ist die Kraft des Lebens an sich.

Ich möchte kurz zusammenfassen: Eine Familie entsteht aus der gegenseitigen Anziehung zweier Menschen, der inneren Zustimmung aller beteiligten Seelen und der Kraft des Lebens. Das Ja füreinander ist so lange gültig, bis die letzte Person der Familie stirbt. Das bedeutet also, dass das Ja für immer gilt, denn eine Familie ist dadurch gekennzeichnet, dass stetig neue Menschen in die Familie hineingeboren werden: Die Kinder bekommen eigene Kinder und diese wiederum eigene Kinder und so weiter. Ich konnte nur gezeugt werden, weil vor mir meine Großeltern Ja zu meinen Eltern gesagt haben und meine Urgroßeltern Ja zu meinen Großeltern. Mit meinem inneren Ja zu meinen Eltern gab ich auch die Zustimmung zu meinen Ahnen. Ich habe mich seelisch für dieses spezifische energetische Feld entschieden. Weil so viele Menschen zu einer Familie gehören und alle durch das Ja miteinander verbunden sind, spricht man auch von einem energetischen Netz.

Die Familie als Netz

Das energetische Netz können Sie sich so vorstellen: Wenn alle Ihre Familienmitglieder in einem Raum sind und Sie ein Wollknäuel nehmen und es von einer Person zur anderen weitergeben, wobei jeder den Faden in der Hand behält, so ergibt sich aus dem Wollfaden ein Netz. Die energetische Verbindung kann als Dichte und Beschaffenheit des Fadens verstanden werden, während die Beziehung bestimmt, welche Farbe der Faden hat. Der Faden bleibt immer bestehen, die Farbe kann sich verändern. Über dieses Netz fließt andauernd Energie von einem Familienmitglied zum anderen. Da das Netz aus Energie besteht, geht es über den Tod hinaus. Das heißt, der Faden reißt niemals ab, auch wenn ein Mensch stirbt. Energie geht nie verloren, sie wandelt höchstens ihre Qualität. Für das Familiensystem gilt das Gleiche, was für physikalisch geschlossene Systeme gilt: Die Gesamtenergie ändert sich nicht mit der Zeit. Dies ist der Satz der Erhaltung der Energie. Es ist nicht möglich, Energie zu vernichten. Aus einem dicken Familienfaden kann ein dünner werden, verschwinden kann er aber nicht.

Dieses Netz ist der Grund, weshalb die Familie im Leben eine so zentrale Rolle spielt. Wir können niemals aus dem Netz fallen. Ein Faden kann vielleicht einmal durchhängen, sodass man meint, nur noch lose verbunden zu sein. Selten gibt es auch einmal einen Knoten – wenn sich eine Familie tief in ein Problem verstrickt hat. Aber ob wir auswandern oder keinen Kontakt mit der Familie pflegen, das Netz ist immer da. Und gerade deswegen liegt darin, neben einem gewissen Konfliktpotenzial, auch eine große Kraft. Je freier die Energie durch das Netz fließen kann, umso besser geht es allen Beteiligten.

Kinder spüren, wenn sich der energetische Familienfaden verheddert hat oder durchhängt, auch wenn man nicht über die schwierige Situation spricht. Sehr häufig zeigen Kinder problematische Verhaltensweisen, weil sie ein Ungleichgewicht in der Familie spüren. Dann sind wir geneigt, das Kind als schwierig anzusehen. Das Kind schläft nicht. Das Kind schlägt in der Kita seine Spielkameraden. Das Kind schreit im Supermarkt so laut, dass sich auch noch der letzte Kunde umdreht. Es gibt viele Möglichkeiten, wie Kinder unbewusst versuchen, ein Ungleichgewicht auszudrücken.

Wird jemand aus der Familie ausgeschlossen oder gab es in vorherigen Generationen Streitigkeiten, kann dies das heutige Alltagsleben beeinträchtigen. Besonders schwere Schicksale wie Kriegserfahrungen, Krankheiten, frühe Todesfälle und Ähnliches haben auch auf nachfolgende Generationen Einfluss. Die Möglichkeiten, wie solche familiären Probleme wirken, sind sehr vielfältig. Ist der Energiefluss innerhalb der Familie gestört, so beeinträchtigt das die einzelnen Mitglieder. Weil wir uns miteinander verbunden fühlen und uns lieben, fühlen wir uns automatisch auch verantwortlich für die anderen. Dieses Verantwortungsgefühl entsteht nicht im Verstand. Es ist ein tiefes Gefühl, das bereits ganz kleine Kinder verinnerlicht haben. Sie können sich das als eine Art Mitgefühl vorstellen. Wir fühlen mit unseren Verwandten mit und solidarisieren uns innerlich mit ihrem Schicksal. Aus diesem Mitgefühl heraus lassen wir es zu, dass uns die Lebensgeschichte unserer Familienmitglieder beeinflusst. Wenn beispielsweise der Großvater seine künstlerische Seite nicht leben konnte, weil er fünf Kinder zu ernähren hatte und deswegen als Sattler gearbeitet hat, kann es sein, dass sein Enkel später alles darangibt, ein berühmter Bildhauer zu werden. Mit seinem Erfolg möchte er den Großvater und sein Engagement für die Familie ehren und gleichzeitig auch für ihn das Künstlerleben ganz auskosten. Oder wenn die Urgroßmutter früh verwitwet wurde und ihre Kinder allein großziehen musste, kann es sein, dass eine ihrer Nachkommen als junge Frau geschieden wird. Sie lebt damit unbewusst das Schicksal des Alleinseins der Urgroßmutter mit, die sehr unter ihrer Witwenschaft gelitten hat. In ihrem Unterbewusstsein sagt sie zu ihr: »Ich fühle mit dir mit.«

Unser Leben wird beeinflusst von den Lebensgeschichten unserer Ahnen. Insbesondere die schwierigen Erlebnisse früherer Generationen, die sich tief ins Familiennetz eingegraben haben, entfalten eine belastende Wirkung auf die Nachkommen. Mittels systemischer Aufstellungen kann man diese Einflüsse sichtbar und verständlich machen. Und sie im besten Fall auflösen, sodass man nicht mehr im Bann der Vergangenheit lebt.

Das Verantwortungsgefühl kann also die Art und Weise, wie wir unser Leben gestalten, beeinflussen. Oft merken wir nicht einmal, dass wir etwas aus Verantwortung für die anderen machen. Im Kleinen zeigt sich das in Situationen, in denen wir das Leben unserer Familienmitglieder verbessern möchten. Zum Beispiel gibt es Kinder, die versuchen, zwischen ihren Eltern zu vermitteln, wenn sie spüren, dass die Eltern sich emotional voneinander entfernen. Die Vermittlungsversuche sind durchaus kreativ. Ich habe schon Kleinkinder erlebt, die sich dauernd leicht verletzt haben, weil sie damit die Aufmerksamkeit der Eltern auf sich lenken konnten und die Eltern durch die gemeinsame Sorge wieder mehr Nähe zueinander gespürt haben. Ein Kind realisiert unbewusst, dass sich die Eltern innerlich nicht mehr verbunden fühlen und sucht ebenfalls unbewusst nach einer Möglichkeit, die Situation zu verändern. Mit seiner Einmischung drückt das Kind sein Verantwortungsgefühl aus.

Kinder übernehmen für ihre Eltern ganz viel. Der Mechanismus dabei ist folgender: Das Kind ist abhängig von seinen Eltern, weil nur die Eltern das Leben des Kindes sichern können. Das Kind ist in den ersten Lebensjahren nicht allein lebensfähig. So hat das die Biologie eingerichtet. Das Wohlbefinden des Kindes hängt davon ab, dass sich die Eltern (oder andere Bezugspersonen) liebevoll um seine Bedürfnisse kümmern. Damit die Eltern das können, muss es ihnen selbst gut gehen. Also hat jedes Kind die innere Logik »Ich muss dafür sorgen, dass es meinen Eltern gut geht, damit sie sich um mich kümmern können«. Das ist ein Überlebenstrick.

Viele Menschen brauchen im Erwachsenenalter intensive Persönlichkeitsarbeit, um sich diesen Mechanismus abzugewöhnen. Es ist schwierig, aus diesem Muster auszusteigen, wenn man sich mehr auf das energetische Netz als auf sich selbst konzentriert. Zumal man nicht nur mit dem Schicksal der Eltern mitfühlt. Es kann sein, dass man sich unbewusst für ein Familienmitglied verantwortlich fühlt, das bereits verstorben ist. Weil die Informationen seines Lebens immer noch im Familiennetz gespeichert sind. Wir können nicht bewusst entscheiden, mit welchen Themen unserer Familie wir in Resonanz gehen. Wir reagieren auf etwas, was in unserem Leben eine Art Echo findet. Ein Kind ohne musische Begabung wird sich kaum mit dem ungelebten Lebenstraum des Künstlerdaseins seines Großvaters identifizieren. Aber wenn es ein sehr pflichtbewusstes Kind ist, wird es vielleicht die Überzeugung mitnehmen, dass man hart arbeiten muss, um sein Leben zu sichern. Es ist immer ein Zusammenspiel zwischen eigenen Charaktereigenschaften, Interessen und Erfahrungen, die mit einem ungelösten Familienthema interagieren. So entsteht die Verstrickung mit einem Mitglied der Familie. Die Lösung liegt darin zu realisieren, dass ich zwar mit allen im Guten verbunden sein darf, mich aber nur um meine eigenen Angelegenheiten kümmern muss. Das gelingt, wenn ich weiß, dass jeder in der Familie seinen eigenen Platz hat und jeder selbst dafür verantwortlich ist, diesen Platz einzunehmen.

Jeder hat seinen Platz

In einer Familie hat jeder seinen Platz. Es ist wie auf einem Schachbrett. Im Moment der Zeugung bekommt man ein Feld zugewiesen, das einem allein gehört und das man mit niemandem teilen muss. Dieses Feld ist von den anderen Feldern klar abgegrenzt. Die einzelnen Plätze innerhalb der Familie sind gleichberechtigt im Sinne von gleich wichtig. Trotzdem gibt es unter den Geschwistern eine klare Reihenfolge. Denken wir einmal an althergebrachte Erbgewohnheiten. Der Erstgeborene erbt das Familienvermögen, weil er die Nummer eins ist. Sowohl im bäuerlichen Umfeld der vergangenen Jahrhunderte als auch bei Adelsfamilien oder reichen Wirtschaftsdynastien wird das so gehandhabt. Der Zweitgeborene wird mit einer Abfindung abgespeist, weil er nicht die Nummer eins ist. Es ist entscheidend, das wievielte Kind seiner Eltern man ist, nicht nur wenn es ums Erben geht. Das erstgeborene Kind hat in der Familie eine ganz andere Rolle als das jüngste. Das Aufwachsen ist geprägt von der Geschwisterhierarchie. Das älteste Kind muss vielleicht um Freiheiten kämpfen, die dem Jüngsten später einfach zugesprochen werden. Dafür traut man dem Kleinsten vielleicht nicht so viel zu wie seinen älteren Geschwistern, weil er eben der süße Kleine ist, um den sich alle kümmern möchten.

In energetischer Hinsicht ist es nicht wichtig, ob man der Erst*geborene*, sondern ob man der Erst*gezeugte* ist. Von der Familienenergie her ist das Kind, das zuerst gezeugt wurde, die Nummer eins. Wenn es in einer Familie eine Fehlgeburt gegeben hat, kann es sein, dass die Reihenfolge vermeintlich durcheinandergerät.

Familie Bauer erwartet das erste Kind. In der achten Schwangerschaftswoche kommt es zu Blutungen und in der Folge zu einem Abort. Ein Jahr später erwartet die Familie ihr zweites Kind, Sophie. Als zwei Jahre darauf auch noch ein gesunder Junge, Felix, zur Welt kommt, ist das Familienglück perfekt. Im Alltag heißt das für Familie Bauer Folgendes: Sophie ist die Erstgeborene, die Nummer eins, und Felix ist der Zweitgeborene, folglich die Nummer zwei.
Aber so ist es nicht. Die Nummer eins ist das Kind, das im Mutterleib nicht weiterwachsen und geboren werden konnte. Es weilt nicht unter den Lebenden und doch ist das Seelenkind die klare Nummer eins. Sophie gehört auf den zweiten und Felix auf den dritten Platz.

Es kann auch sein, dass eine vermeintliche Nummer drei in Wahrheit die Nummer vier ist. Nämlich wenn man nach dem zweiten Kind ein Kind verloren hat und erst bei der vierten Schwangerschaft das dritte lebende Kind zur Welt gekommen ist. Vielen Eltern ist die richtige Reihenfolge ihrer Kinder nicht bewusst, weil sie nur die lebenden Kinder zählen. Damit vermitteln sie ihren Kindern ein falsches Familienbild.

Ich habe mit einer Freundin von mir, die Psychologin ist, über dieses Thema gesprochen. Da ist ihr eingefallen, dass sie als Kind ein besonderes Spiel für sich entwickelt hatte:

Florence wird als drittes von drei Mädchen geboren. Ihre Mutter hatte vor der Ehe ein Kind abgetrieben und ihren Kindern nie etwas davon erzählt. Florence erfuhr dies von ihrem Vater erst als erwachsene Frau, nachdem die Mutter verstorben war. Sie erinnert sich sehr genau, dass sie im Alter von vier bis fünf Jahren ein »magisches Ritual« als Spiel auf dem Heimweg vom Kindergarten mit sich selbst spielte. Sie lief auf dem Rand des Gehsteiges, der mit länglichen Bordsteinen gesäumt war. Sah sie von weitem ein Auto entgegenkommen, wollte sie unbedingt auf dem von ihr aus gesehen nächsten vierten Stein angekommen sein, wenn das Auto an ihr vorbeifuhr. Ist es ihr gelungen, empfand sie immer ein wohliges Gefühl der Genugtuung.

Florence spielte dieses Spiel ausschließlich auf dem Weg nach Hause. Die Magie des Erreichens des vierten Steines vermittelte ihr ein Gefühl von Sicherheit. Wenn Sie also auf dem vierten Platz stehen konnte, fühlte sie sich sicher. Obwohl sie als Kind nichts von der Abtreibung wusste, spürte sie instinktiv, welcher Platz für sie der richtige ist. Sie ist das vierte Kind und nicht das dritte. Die tiefere Bedeutung dieses Spiels offenbarte sich ihr erst im Erwachsenenalter.

Dies ist ein treffendes Beispiel für das ahnungsvolle Wissen von Kindern, die spüren, dass sie in der Familie einen falschen Platz zugewiesen bekommen. Auf dem falschen Platz stehen heißt nichts anderes, als dass die Eltern sich nicht bewusst sind, dass noch ein weiteres Kind in die Reihenfolge gehört. Es ist für das Wohlbefinden von Kindern entscheidend, dass sie die richtige Reihenfolge der Geschwister kennen. Weil sie sonst durch das äußere Ungleichgewicht auch innerlich nicht in der Lage sind, die Balance im Leben zu halten. Weil in der Familie jeder mit jedem verbunden ist, ist es absolut entscheidend, dass man seinen Platz kennt. Nur auf dem richtigen Platz kann man sein volles Potenzial entfalten und sich wohl fühlen.

Wenn Kinder Verantwortung übernehmen

Wenn ein Kind ein Verhaltensmuster entwickelt, das für das Kind selbst oder für die Personen in seinem Umfeld anstrengend wird, deutet das häufig auf ein Familienthema hin. Ich spreche hier nicht davon, dass ein Kind einmal einen schlechten Tag hat oder vor lauter Blödsinn im Kopf den Moment verpasst, sich wieder angemessen zu verhalten. Ich spreche von Problemen, unter denen Kinder über eine längere Zeit leiden und die trotz pädagogischer Maßnahmen und liebevoller Unterstützung der Eltern nicht gelöst werden können. Dies ist ein wichtiger Punkt meiner Argumentation: Kinderprobleme deuten oftmals auf ein Ungleichgewicht in der Familie hin. Weil sich das Kind unbewusst für das Glück der anderen verantwortlich fühlt, entwickelt es Probleme, die ähnlich einem Wegweiser auf versteckte Themen hindeuten.

Bevor ich einzelne Problemfelder und ihre Lösungsmöglichkeiten bespreche, möchte ich Ihnen eine Übung vorstellen, mit der Sie sich im positivsten Sinne von Ihren Liebsten abgrenzen können, ohne dabei die Zuneigung zu gefährden. Diese Übung entlastet Kinder, die vorübergehend oder langfristig von familiären Themen beeinflusst werden. Sie können die Übung einsetzen, wenn Sie das Gefühl haben, Ihr Kind übernehme zu viel Verantwortung innerhalb des Familienlebens. Wenn Sie in Ihrem Leben gerade mit großen Herausforderungen zu kämpfen haben, können Sie die Übung auch prophylaktisch einsetzen. Damit Ihr Kind gar nicht Gefahr läuft, sich von den Erwachsenenproblemen beeinträchtigen zu lassen. Die Übung schafft eine positive Abgrenzung, weil die energetische Verschmelzung beendet wird. Sie können sie auch mit Ihren eigenen Eltern und Geschwistern oder mit Personen außerhalb der Familie durchführen. Es ist eine Grundübung meiner Therapieform, die in jedem Fall eine entlastende Wirkung hat.

Übung »Ich bin ich – du bist du«

Nehmen Sie ein leeres weißes Blatt Papier ohne Linien. Zeichnen Sie eine große stehende Acht. In den unteren Kreis schreiben Sie Ihren eigenen Namen, mit allen Vor- und Nachnamen, die Sie haben. In den oberen Kreis schreiben Sie den Namen Ihres Kindes oder der Person, von der Sie sich abgrenzen wollen. Sie machen die Übung allein für sich. Nehmen Sie sich zwei bis drei Minuten dafür Zeit, möglichst ohne Ablenkung. Nun fahren Sie mit einem Stift die Acht nach und sagen dabei laut: »Ich bin ich. Du bist du.«

Wiederholen Sie das zwei Wochen lang jeden Tag auf dem gleichen Blatt Papier. Es ergibt sich daraus eine dicke Acht. Nach zwei Wochen nehmen Sie eine Schere und schneiden die beiden Kreise auseinander, sodass die beiden Kreise – der Kreis mit Ihrem Namen und der Kreis mit dem Namen der anderen Person – voneinander getrennt werden.

Die Übung versinnbildlicht die Idee, dass man alle eigenen Gefühle, Erlebnisse, Erfahrungen und Gedanken bei sich behält und das Kind ebenfalls ganz bei sich bleiben darf und sich nur um die eigenen Dinge kümmern muss. Das kann viele Gefühle auslösen und es können emotionale Reaktionen sowohl beim Ausführenden als auch beim Kind auftreten. Die Eigenständigkeit kann am Anfang ungewohnt sein. Vielleicht fühlen Sie sich im ersten Moment haltlos oder allein. Es kann auch sein, dass Ihr Kind zuerst besonders intensiv Ihre Nähe sucht, bis es sich an die neugewonnene Unabhängigkeit gewöhnt hat. Oder es reagiert Ihnen gegenüber zunächst ablehnend bis es spürt, dass die Liebe auch außerhalb der Symbiose spürbar ist.

Viele Menschen erzählen, dass die Beziehungsqualität nachher an Leichtigkeit gewinnt und man sehr liebevoll aufeinander zugehen kann. Sie müssen keine Angst haben, Sie könnten damit den Liebesfaden zwischen sich und der anderen Person durchtrennen. Ich erkläre diese Übung Müttern mit kleinen Babys, die zu sehr in eine Symbiose geraten sind. Sogar im ganz frühen Stadium des Beziehungsaufbaus kann es sinnvoll sein zu realisieren, dass das eigene Kind ein komplett anderer Mensch ist als man selbst. Das Kind hat eine eigene Geschichte und eigene Gefühle, und auch wenn die Liebe zum Kind groß ist, muss es nicht zu einer gefühlten Verschmelzung kommen.

Mit der Übung lösen Sie die negative Verstrickung und schaffen eine positive Abgrenzung. Sie helfen insbesondere Ihrem Kind damit, dass es sich weniger für Sie verantwortlich fühlt und besser bei sich bleiben kann. Das entlastet das Kind und kann helfen, dass sich das Kind entspannt und unbekümmert sein Leben lebt.

Kinder übernehmen nicht nur für die Eltern emotionale Verantwortung, sondern häufig auch für Geschwister, die nicht leben.

Seelenkinder und ihre Bedeutung für die Familie

Zur Familie gehören alle je da gewesenen Familienmitglieder – die lebenden und die toten, ja selbst die ungeborenen. Die Familie ist nur dann komplett, wenn alle zugehörigen Seelen als wichtiger Teil der Familienstruktur angesehen werden.

Der Begriff Seelenkinder

Sie haben bestimmt schon von Sternenkindern gehört. Sternenkinder sind die Kinder, die tot geboren werden oder unmittelbar nach der Geburt sterben. Eltern, die ihr Kind loslassen müssen, bevor es richtig gelebt hat, erleben eine schwere Zeit. Es ist ein unglaublich trauriges Thema, und doch weiß man über Sternenkinder und die Trauer der Eltern relativ viel, weil dazu einiges publiziert wird und vor allem weil darüber geredet wird.

Über den Verlust eines Kindes in der frühen Schwangerschaft wird viel weniger oder sogar gar nicht geredet. Obwohl es für die Familie so wichtig wäre! Es gibt bis jetzt auch keinen positiven Begriff für diese Kinder. Ich nenne sie Seelenkinder. Es sind die Kinder, die nur wenige Tage oder Wochen im Bauch der Mutter bleiben konnten. Sie sind bloß für eine kurze Weile ins Erdenleben eingetaucht. Es sind die Kinder, die man oft vergisst. Deswegen spricht man auch von verlorenen Kindern. Dazu passt die Geschichte von Peter Pan und seinen verlorenen Jungs:

Peter Pan, der Junge, der niemals erwachsen werden will, fliegt eines Tages aus dem Fenster seines Kinderzimmers hinaus, weil er überzeugt ist, dass er jederzeit zu seiner Mutter zurückkehren kann. Doch, oh weh, als er sich nach vielen Abenteuern auf den Rückweg macht, sieht er, dass vor dem Fenster dicke Gitterstäbe angebracht sind, und die Mutter bereits einen anderen Jungen liebevoll im Arm hält. Peter fliegt voller Panik vor dem Fenster auf und ab und versucht mit aller Kraft, an den Gitterstäben zu rütteln. Er ruft nach seiner Mutter und gebärdet sich ganz wild. Doch was er auch versucht, seine Mutter hört und sieht ihn nicht.

Enttäuscht zieht sich Peter Pan auf die Insel Nimmerland zurück und lebt da mit den verlorenen Jungs. Ihre Geschichte ist nicht weniger mitreißend. Es sind kleine Jungs, die während des Nachmittagsspaziergangs im Londoner Kensington Park aus dem Kinderwagen gefallen sind und von niemandem vermisst wurden. Nun leben sie alle gemeinsam auf der Insel, bis Peter eines Tages Wendy und ihre Geschwister nach Nimmerland bringt.

Anhand dieser Episode möchte ich die Wichtigkeit der Seelenkinder für die Familie aufzeigen. Es sind Kinder, mit denen wir nicht unser Leben teilen können, weil sie bereits in den ersten Schwangerschaftswochen verstorben sind. Wie der Name schon sagt, sind sie dennoch unsere Kinder, einfach auf seelischer Ebene. Seelenkinder auch deshalb, weil der Aspekt der Seele in ihrem Sein mehr betont ist als der Aspekt des Körpers.

Die Lebenskraft, die bei der Zeugung entstanden ist, kehrt sich bei einem Seelenkind nach kurzer Zeit um in Richtung Tod. Der Körper kann sich nicht entwickeln und stirbt, doch die Seele bleibt ganz. Ihr Sein entfaltet sich in der geistigen Welt und nicht in unserer. Die geistige Welt ist für mich die Welt, in der die Seele vor der Geburt und nach dem Tod zu Hause ist.

Durch die Verbundenheit zweier Menschen wird die Seele ins Leben gerufen – als Kind dieser Eltern. Der Ruf an sich ist entscheidender als die vollendete Entwicklung des Körpers. Deswegen können viele Frauen spüren, dass sie schwanger sind, noch bevor der Schwangerschaftstest positiv ist. Leider werden sie darin häufig nicht ernst genommen. Gerade wenn die Menstruation doch einsetzt, wird das Gefühl durch die medizinischen Fakten zerstört. Eine Geschichte aus meiner Praxis hat mich besonders berührt:

Martina hat das Gefühl, dass sie schwanger ist. Das Gefühl ist sehr stark, obwohl sie und ihr Partner immer verhüten. Eines Tages entdeckt sie in ihrem Slip einen herzförmigen Blutstropfen. Kurz darauf setzt die Regelblutung ein. Jahre später kommt Martina zu mir in die Behandlung, weil ihr kleiner Sohn ein Schreibaby ist. Als sie mir die Geschichte des Herztropfens erzählt, wird sie ganz ruhig und ist sich selbst auf einmal sicher, dass sie damals wirklich schwanger war. Ich bestätige ihr, dass ich ein Seelenkind bei ihr wahrnehmen kann. Ein sanftes Lächeln erscheint auf ihrem Gesicht und sie sagt: »Jetzt geht's mir besser.«

Die Seelenkinder versuchen häufig, ihren Eltern Zeichen zu geben. Nur verstehen viele Eltern diese Zeichen nicht. Vielleicht weil wir in unserer technisierten Gesellschaft verlernt haben, die Sprache der geistigen Welt zu verstehen und Eingebungen als Fantasie abtun. Da wir aber nicht nur aus Körper, sondern ebenso aus Geist und Seele bestehen, ist unsere Realität mitunter vielschichtiger, als wir meinen. Und bereits eine gefühlte Schwangerschaft kann Einfluss auf das Gefühlsleben der Mutter, je nachdem auch des Vaters oder der Geschwister, nehmen, selbst wenn sie medizinisch nicht bestätigt wurde.

Eine bestätigte Schwangerschaft erst recht. Mit dem Aufleuchten des »Positiv«-Zeichens auf dem Schwangerschaftstest wird die Schwangerschaft real und man gerät unmittelbar in einen Gefühlsstrudel. Je nach Lebenssituation ist das unbändige Freude, Unsicherheit, Erleichterung oder Verzweiflung.

Eine Schwangerschaft ist ab dem Moment, indem man sicher weiß, dass man schwanger ist, immer hochemotional. Es gibt im Leben wenig andere Momente, die innert kürzester Zeit so viele Gefühle auslösen.

Man stelle sich vor: Eine Frau erlebt die ersten Wochen einer Schwangerschaft. Sie freut sich auf das Kind, hat aber auch Zweifel, ob sie mit der Lebensveränderung umgehen kann. In einem Moment ist sie voller Zuversicht und im nächsten fühlt sie sich unsicher und hilflos. Plötzlich setzen Blutungen ein, die eine Fehlgeburt ankündigen. Der Arzt erkennt im Ultraschall, dass das Kind nicht gewachsen und kein Herzschlag hörbar ist. Mit einem Schlag ist alles anders. Die Gefühle müssen wieder neu sortiert werden, kaum dass die Frau sich an den Gedanken gewöhnt hat, bald Mutter zu werden. Der Gefühlsstrudel kommt zu einem abrupten Ende. Was bleibt, ist das Gefühl von Leere. Diese Leere macht sich unbemerkt auch in der Familie breit und hat eine Wirkung, die alle Familienmitglieder auf die eine oder andere Weise spüren. In den ersten zwölf Wochen kann von einem Tag auf den anderen die Schwangerschaft beendet sein und aus dem wachsenden Kind wird ein Seelenkind.

Fehlgeburten passieren sehr häufig. Schulmedizinische Studien belegen, dass 15 bis 20 Prozent aller Schwangerschaften in Europa mit einer Fehlgeburt während des ersten Schwangerschaftsdrittels enden.[1] Vor der fünften Schwangerschaftswoche ist die Wahrscheinlichkeit für einen Abort noch höher. Da aber nicht alle Schwangerschaften so früh bemerkt werden, gibt es in diesem Bereich eine hohe Dunkelziffer. Eine österreichische Studie zeigte, dass bei 31 Prozent aller angelegten Schwangerschaften eine Fehlgeburt folgt.[2] Das Universitätsklinikum Bonn rechnet gar mit einer Rate von 50 Prozent. Das bedeutet, dass etwa die Hälfte aller Schwangerschaften nur ein paar Wochen dauern und häufig gar nicht bemerkt werden. Die Frauen realisieren zu dem Zeitpunkt nicht, dass sie schwanger sind, und erleben einfach eine besonders starke oder verzögerte Regelblutung.

Wenn man sich anhand dieser Zahlen überlegt, wie viele Seelenkinder es gibt, ist das eine unvorstellbare Zahl. Und kein Mensch redet darüber. Wir sagen in solchen Momenten nicht, dass ein Kind gestorben ist. Wir reden von einer Fehlgeburt oder einem Abort. Auf die Frage, wie viele Kinder man hat, antwortet nach einer Fehlgeburt leider selten jemand: »Ich habe zwei Kinder auf Erden und eines im Himmel.« Wir erwähnen nur die Lebenden. Es scheint, als ob wir als Gesellschaft nicht wissen, wie wir mit dem frühen Verlust eines Kindes umgehen sollen. Deswegen ignorieren wir ihn einfach. Und die Eltern stehen mit ihren Gefühlen allein da.

Die verlorenen Kinder in unserer Gesellschaft

Jeder, der einmal Teil einer Familie war, gehört auch nach seinem Tod noch dazu. Das ist uns sehr bewusst, wenn jemand mit 85 Jahren stirbt und man viele liebe Erinnerungen an diesen Menschen hat. Wenn man sich gemeinsam Fotos ansehen und sagen kann: »Weißt du noch damals, als er sich an deinem Geburtstag als Clown verkleidet hat? Das war so lustig!« Wenn jemand nach vielen Jahren gemeinsam verbrachter Zeit stirbt, spricht ihm niemand die Zugehörigkeit zur Familie ab. Ist jemand nur ein paar Wochen oder sogar nur ein paar Tage physisch anwesend, sieht das anders aus. Dann vergisst man ihn gern.

Wenn ich in meiner Praxis Frauen darauf anspreche, ob sie eine weitere Schwangerschaft hatten, höre ich oft den Satz: »Ja, aber nur ganz kurz.« Dazu schütteln sie den Kopf oder machen eine wegwerfende Handbewegung, um zu verdeutlichen, dass sie das als Bagatelle ansehen. Als ob die Dauer eines Ereignisses etwas über seine Wichtigkeit aussagt. Weitere Beschreibungen, die ich zu hören bekomme, sind: »Ich hatte einmal eine Eileiterschwangerschaft, das ist ja keine richtige Schwangerschaft.« Oder auch: »Ich hatte einen Abort, das ist aber schon lange her.«

Das sind medizinisch korrekte Ausdrücke, die den Sachverhalt beschreiben, dass eine Schwangerschaft ein vorzeitiges Ende genommen hat. Doch damit sind sowohl die emotionalen Aspekte als auch die Bedeutung, die dieses Kind für die Familie hat, komplett ausgeblendet. Ich antworte auf solche Erwähnungen gern mit den Worten: »Aha, sie haben noch ein Kind.« Es ist immer wieder erstaunlich, was dieser Satz bei den Frauen auslöst. Man sieht im Mienenspiel, wie ihnen eine neue Wahrheit, die sie sich in dieser Betonung noch nie überlegt haben, bewusst wird. Oft beobachte ich, wie die Mütter auf einmal tiefer atmen, wie sich Erleichterung in ihren Gesichtern spiegelt. Nicht selten rührt es sie zu Tränen. Es ist, als ob ich das verlorene Kind im Kensington Park zurück in den Kinderwagen legen würde, damit die Mutter es endlich sehen kann. Ja, es ist ihr Kind, selbst wenn es nur für ganz kurze Zeit in ihrem Bauch war und sie es nie in ihren Armen halten konnte.

Der Begriff »verlorene Kinder« passt meiner Meinung nach so gut, weil einerseits die Mutter das Kind physisch verliert, andererseits sind sie auch deswegen verloren, weil sie aus dem Bewusstsein der Familie verschwinden. Niemand hat bemerkt, dass sie aus dem Kinderwagen gefallen sind, weil man sie noch nicht als Kinder wahrgenommen hat. Es war ja nur ganz kurz …

Die Wahrscheinlichkeit, dass eine Frau irgendwann in ihrem Leben eine Fehlgeburt hat, ist enorm hoch. Ist es eingetroffen, fehlt auf allen Ebenen ein souveräner Umgang mit dieser emotional belastenden Situation. Eine Klientin sagte zu mir:

> *»Es war so schwer für mich. Ich dachte, da kann man ja nicht darüber reden! Aber ich musste mich einfach mit jemandem austauschen, und wissen Sie was? Drei meiner Kolleginnen haben auch ein Kind verloren. Das wusste ich gar nicht! Als ich das erfahren habe, hat es mir sehr geholfen.«*

Ja, es hilft, wenn man darüber redet. Dann wird es zu gelebter Realität. Meint man, den frühen Verlust eines Kindes verschweigen zu müssen, so bleibt es eine Art Traum. Bis man irgendwann selbst nicht mehr ganz sicher ist, ob man das nun wirklich erlebt hat.

Aufgrund der gesellschaftlichen Sprachlosigkeit erhalten die Mütter nach einer Fehlgeburt zu wenig emotionale Unterstützung.

Am Ende des dritten Schwangerschaftsmonats verliert Sandra durch eine starke Blutung ihr Kind. Der Arzt in der Klinik erklärt ihr, das Kind wäre nur etwas mehr als einen Zentimeter groß gewesen. In diesem Schwangerschaftsstadium sind vier bis fünf Zentimeter für eine gesunde Entwicklung des Kindes erforderlich. Das bedeutet, dass Sandras Kind bereits einige Wochen zuvor verstorben ist.

Am Tag nach der Fehlgeburt kann Sandra zu Hause bleiben, muss aber ihre Vertretung für die Arbeit selbst organisieren, da sie nicht als krank gilt. Das Organisieren ist sehr mühsam und so geht sie schnell wieder arbeiten. Kurz darauf bekommt sie eine Erkältung. Zu wenig heftig, um sich ins Bett zu legen, aber doch unangenehm. In den kommenden drei Monaten will diese Erkältung einfach nicht verschwinden. So kommt sie zu mir in die Praxis und möchte wissen, wieso die Erkältung nicht abklingen kann. Von der Fehlgeburt erzählt sie mir nicht. Ich spüre eine große Trauer und spreche Sandra darauf an: »Es ist etwas vorgefallen, das dich sehr traurig macht. Du kannst nicht weinen, stattdessen läuft deine Nase. Möchtest du darüber sprechen?« »Ich war schwanger, habe das Kind aber verloren«, erzählt sie mir. »Das war schon traurig, aber es wäre viel schlimmer gewesen, wenn es später in der Schwangerschaft passiert wäre. Oder wenn ich eine Totgeburt gehabt hätte.« Ich antworte ihr: »Du hast dein Kind verloren.«

Da dürfen die Tränen endlich fließen. Wie vielen anderen Müttern war es Sandra nicht bewusst, dass sie das Recht

hatte zu trauern. Nach dem Gespräch wünscht sich Sandra eine energetische Behandlung. In der Entspannung kann sie ihrer Trauer endlich Raum geben. Die Seele des Kindes ist noch sehr präsent. Für mich scheint es, als wolle sich die Seele an Sandras Körper klammern. Dieses Bild beschreibe ich ihr und bitte sie, folgenden Satz laut auszusprechen:
»Du bist in deiner Welt und ich in meiner. Trotzdem bleibe ich deine Mutter.« Das bringt eine große Entspannung auf beiden Seiten. Sandras Bauch wird ganz weich, ein helles Licht umspielt ihren Körper, und ich spüre, wie sich auch das Seelenkind entspannen kann.
»Es ist schön, dass ich traurig sein darf.« So verabschiedet sich Sandra von mir.

Das Wissen, die Mutter dieses Kindes bleiben zu dürfen, ist meist die beste Medizin. Eine Fehlgeburt ist immer ein Verlust, gleichgültig wie lange die Schwangerschaft gedauert hat. Der Verlust umfasst alle Wünsche und Hoffnungen für die Zukunft. Weil man sich bereits auf die gemeinsame Zukunft gefreut hat. Das ist der Unterschied zu einem Todesfall im Alter. Wenn man jemanden am Ende seines Lebens verliert, hat man eine gemeinsame Vergangenheit mit Erinnerungen, die einem durch den Schmerz helfen. Sogar bei einer Totgeburt hat man Zeit, die man mit dem Kind verbringen kann. In vielen Kliniken dürfen die Eltern das Kind für mehrere Stunden bei sich behalten, es wird angezogen und wenn möglich sogar Fotos gemacht, sodass die Eltern in Ruhe Abschied nehmen können und ihr Kind noch eine Weile in ihren Armen halten dürfen. Bei einer frühen Fehlgeburt hat man keine gemeinsamen Erinnerungen. Man verliert die Gegenwart und die Zukunft, und das ist sehr traurig. Vielleicht trauert man mehr um die verlorenen Wünsche und damit um sich selbst als wirklich um die kleine Seele. Aber dennoch ist die Trauer wichtig. Erst wenn man Zeit hatte zu realisieren, was überhaupt passiert ist, und wenn man um alles, was nicht mehr sein wird, geweint hat, erst dann kann man loslassen und den Verlust verarbeiten. Für viele Frauen ist gerade die angebliche Belanglosigkeit eines frühen Aborts das, was es so schwierig macht. Man bekommt keine Plattform zum Trauern, nein, man soll sich gefälligst zusammenreißen!

Neben dieser Kaltherzigkeit den Frauen gegenüber ergeht es den verlorenen Kindern noch viel schlechter. Ihnen wird jegliche Existenz abgesprochen. Seelenkinder sind genauso unsere Kinder wie die lebenden auch. Sie haben keinen Körper und machen keine irdischen Erfahrungen. Trotzdem sind sie ein vollwertiges Mitglied der Familie.

Unbemerkte Schwangerschaften

Viele Schwangerschaften bleiben unbemerkt. Es kann passieren, dass eine Familie zu mir kommt, ihre Probleme schildert und mir versichert, dass es keine weiteren Schwangerschaften gegeben hat. Und trotzdem kann ich ein Seelenkind wahrnehmen. Da gilt es immer, ganz behutsam auf dieses Thema einzugehen. Je nach Offenheit der Familie spreche ich es direkt an und eröffne den Eltern, dass ihre Familie größer ist als gedacht, oder ich nutze eine Form der Familienaufstellung, um die Eltern an das Thema heranzuführen.

Tanja kommt mit ihrem 18 Monate alten Sohn zu mir. Er ist ganz hibbelig, immer in Bewegung, und vor allem: Er braucht abends fast eine Stunde, bis er eingeschlafen ist. Nachts wacht er vier- bis fünfmal auf und lässt sich kaum beruhigen. Er kommt aufgeweckt in meinen Praxisraum, sieht die bereitgelegten Spielsachen und läuft unruhig hin und her. Immer wieder bringt er seiner Mutter ein neues Spielzeug. Ohne abzuwarten, wie sie darauf reagiert, springt er sogleich wieder weg, um sich etwas Neuem zuzuwenden. Im Gespräch erzählt mir Tanja, dass sie vor einigen Monaten schwanger war. Bei der ersten Kontrolle war unklar, ob ein Herzschlag vorhanden ist, obwohl die Blutwerte auf eine Schwangerschaft hindeuteten. Zwei Wochen nach der Kontrolle bekam sie Blutungen, und die Schwangerschaft ging nicht weiter.

»Weißt du, ich bin mir gar nicht mehr sicher, ob ich wirklich schwanger war. Vielleicht war es ja ein Irrtum?!«

Ich nehme Holzfiguren zur Hand und bitte sie, ihre Familie aufzustellen. Sie nimmt eine Figur für sich, eine für ihren Mann und eine für ihren Sohn. Ich lasse sie dieses Bild einen Moment lang in Ruhe betrachten und bitte sie, einfach zu fühlen. Dann stelle ich etwas weiter weg noch eine kleine Figur hinzu. Ihre Reaktion: »Ach nein, die kann weg.« Kommentarlos schiebe ich die kleine Figur ganz nahe neben ihre Figur. Tanja greift sich ans Herz. Tränen fließen über ihre Wangen. »Ja, da gehört es hin. Oh mein Gott, das ist ja wirklich mein Kind!«

Wir beide haben gar nicht mehr auf ihren Sohn geachtet. Da kommt er angewatschelt, zieht seinen Schnuller aus Mamas Tasche, klettert ihr auf den Schoss, schließt die Augen und schläft ein. Innerhalb von Sekunden hat er sich entspannt, das erste Mal seit Monaten. Dass er genau seit der Fehlgeburt aufgekratzt war und nicht mehr schlafen konnte, ist müßig zu erwähnen.

Der verlorene Zwilling

Neben den unerkannten Schwangerschaften können unbemerkte Mehrlingsschwangerschaften dafür verantwortlich sein, dass in einer Familie ein Seelenkind verborgen ist. Sehr häufig ist es so, dass zu Beginn der Schwangerschaft eine Mehrlingsschwangerschaft mit Zwillingen oder Drillingen bestanden hat, eine der Seelen aber nicht richtig inkarniert ist. Viele Eltern erinnern sich dann, dass es zu Beginn der Schwangerschaft leichte

Blutungen gegeben hat, man dem aber nicht weiter nachgegangen ist, weil die Schwangerschaft zum Glück nicht beendet wurde.

Wenn bei einer Mehrlingsschwangerschaft einer der Embryos innerhalb der ersten Schwangerschaftswochen stirbt und vom Körper der Mutter resorbiert wird, spricht man vom *vanishing twin syndrom*. Kommt es zu Blutungen und Bauchkrämpfen durch welche der Embryo aus dem Körper der Mutter ausgeleitet wird, so bezeichnet man es als Fehlgeburt eines der Zwillinge. In beiden Fällen hat das Kind, das weiterlebt, einen verlorenen Zwilling. Wird der Zwilling vollständig resorbiert, das heißt über die Gebärmutterschleimhaut abgebaut, bemerkt man unter Umständen nichts von seiner ursprünglichen Anwesenheit. Teilweise ist in der Plazenta ein toter Embryo eingeschlossen, den man bei der Untersuchung nach der Geburt sehen kann. Oder man sieht andere Merkmale, die auf ein weiteres Kind schließen lassen. Manchmal wächst der tote Zwilling in den Körper des lebenden Zwillings ein. Dann kann es später zu Zysten oder Wucherungen kommen, die operativ entfernt werden müssen. Dass jemand einen verlorenen Zwilling hat, ist kein seltenes Phänomen. In Amerika geht man davon aus, dass bei 21 bis 30 Prozent aller ursprünglichen Mehrlingsschwangerschaften das *vanishing twin syndrom* auftritt.[3] Der belgische Pränatalmediziner Jean-Guy Sartenaer führt Ultraschalluntersuchungen bereits drei Wochen nach der Empfängnis durch. Gemäß der gynäkologischen Zeitrechnung entspricht dies der fünften Schwangerschaftswoche. Er kann dadurch belegen, dass 10 Prozent aller Schwangerschaften während der ersten Wochen Zwillingsschwangerschaften sind.[4] Viele Zwillinge sterben aber bereits im ersten Schwangerschaftsdrittel. Deswegen enden rund 75 Prozent aller anfänglichen Zwillingsschwangerschaften als Einlingsgeburt.[5] Alfred und Bettina Austermann berichten in ihrem Buch *Das Drama im Mutterleib*, dass eine Gynäkologin im Jahr 2007 in ihrer Praxis bei den Ultraschalluntersuchungen bemerkt hat, dass 15 Prozent aller Schwangerschaften in den ersten Wochen Zwillingsschwangerschaften sind. Im Jahr 2012 berichtete die gleiche Ärztin, dass sie inzwischen sogar bei 40 Prozent aller Schwangerschaften anfangs Mehrlinge sehen kann. Der Anstieg lässt sich damit erklären, dass die Ärztin genau wie Dr. Sartenaer die Ultraschalluntersuchungen früher durchführt, als dies in der Schweiz und in Deutschland üblich ist. Auch wenn sie unterschiedliche Prozentzahlen nennen, zeigen die Ergebnisse der beiden Mediziner, dass frühe Mehrlingsschwangerschaften belegt werden können und nicht selten sind. Sehr viele Menschen hätten einen Zwilling, der ganz zu Beginn der Schwangerschaft als eine Art Begleiter mit dabei war, sich aber frühzeitig verabschiedet hat.

Angelica hat ihr zweites Kind bekommen. Marco ist vier Monate alt und schreit viel. Nachts wacht er stündlich auf, was für die ganze Familie zur Belastungsprobe wird. Während der Schwangerschaft ist Angelica überzeugt, dass es diesmal ein Mädchen ist. Als ihr Junge dann geboren wird, ist sie enttäuscht und braucht lange Zeit, um ihn emotional anzunehmen. Wenn sie an ihre Kinder denkt, dann kommt ihr immer der Gedanke: Ich habe drei Kinder. Deswegen ist sie ganz irritiert. Ich darf ihr dann eröffnen, dass ihr Sohn eine Zwillingsschwester hat. Angelica fällt mir vor Freude um den Hals: »Ich habe gespürt, dass ich eine Tochter habe!«
Als sie das nächste Mal bei mir ist, kann ich beobachten, wie sie liebevoll mit ihrem Sohn kuschelt, ihn herzt und küsst. »Seit ich von meiner Tochter weiß, kann ich meinen Sohn lieben.«
Als Angelica ihr Fühlen und ihr Alltagserleben in Einklang bringen kann, entspannt sich die Familiensituation. Marco wacht nach kurzer Zeit nur noch einmal pro Nacht auf und bekommt dann die Brust. Das ist ein altersgerechtes Schlafverhalten. Durch die liebevolle Aufmerksamkeit seiner Mutter kann er innerlich loslassen und sich dem Schlaf ergeben.

Es ist möglich, dass auch Ihr Kind einen Zwilling hat, von dem Sie nichts geahnt haben. Viele Signale im Verhalten von Kindern, die auf einen verlorenen Zwilling hindeuten, werde ich in diesem Buch beschreiben. Das kann Ihnen wichtige Hinweise geben. Kinder, die einen Zwilling verloren haben, spüren das in irgendeiner Weise immer. Der englische Begriff *vanishing twin syndrom* zeigt sehr schön die emotionale Problematik, die entstehen kann, wenn einer der Zwillinge »verschwindet«. Der zurückbleibende Zwilling hat ein unbestimmtes Gefühl der Sehnsucht, das er nicht einordnen kann.

Stellen wir uns folgendes Szenario vor: Zwei Seelen entscheiden sich, gemeinsam geboren zu werden. Im Bauch der Mutter entwickeln sich zwei kleine Körper ganz nahe beieinander. Die beiden Seelen fühlen sich als eins, so wie zwei Seiten einer Münze. Sie erleben die reine Symbiose und sind in diesem Miteinander komplett aufgehoben. Dann, völlig abrupt, endet der gemeinsame Weg. Das eine Kind stirbt. Sein Herz hört auf zu schlagen, der Körper wächst nicht mehr weiter. Irgendwann wird der Körper durch eine Blutung abgestoßen oder resorbiert und der zurückbleibende Zwilling ist ganz allein. Statt der Symbiose erlebt er nun die absolute Leere. Das Alleinsein trifft ihn wie ein Schlag. Die erste emotionale Erfahrung, noch bevor er geboren wird, ist, verlassen zu werden. Ohne jegliche Erklärung. Das geliebte Gegenüber ist einfach nicht mehr da, und der lebende Zwilling muss allein weiterwachsen und Mensch werden. Im ersten Moment kommt da viel Verwirrung auf; später folgt das traurige Gefühl, allein gelassen zu werden. Mit diesem Gefühl startet das Kind ins Leben.

So und ähnlich beschreiben Menschen diese Erfahrung, wenn sie ein Zwillingsseminar besuchen oder eine Familienaufstellung zu diesem Thema machen. Auch in hypnotischen Sitzungen oder bei energetischer Körperarbeit kann man solche Gefühle wiedererleben.

Kinder reagieren immer auf das Fehlen eines verlorenen Geschwisterchens – zumindest bevor man ihnen von dem Seelenkind erzählt. Es gibt aber einen Unterschied zwischen der Reaktion auf das Fehlen eines früh verstorbenen Geschwisterkindes und der Reaktion auf das Fehlen eines verlorenen Zwillings.

Gibt es in der Familie ein Seelenkind, über das nicht gesprochen wird, spüren die Kinder, dass die Ordnung innerhalb der Familie gestört ist. Sie spüren ein energetisches Chaos und drücken dieses Erleben durch sehr emotionales Verhalten aus, das seinerseits auf ein Chaos im Gefühlsleben des Kindes schließen lässt. Sie fühlen sich haltlos, weil das gelebte Familienbild nicht mit der erspürten Wahrheit übereinstimmt. Das verunsichert die Kinder, und sie entwickeln Verhaltensweisen, die auf ein Problem hinweisen.

Ist das Kind Teil eines Zwillingspaars, reagiert es nicht nur auf die falsche Ordnung, vielmehr drückt es mit seinem Verhalten die Sehnsucht nach dem Zwilling aus. Die Wirkung der Seelenkinder auf ihre Geschwister findet in der Zwillingsthematik ihre stärkste Form. Ein Kind, das unter der Abwesenheit seines Zwillings leidet, hat ein komplexeres Problem als ein Kind, das spürt, dass noch ein Seelenkind in die Familie gehört, das älter oder jünger ist als es selbst.

Der Verlust eines Zwillings kann tiefgreifende emotionale Folgen haben. Er ist insbesondere für die Beziehungserfahrung eines Menschen prägend. Die Verlusterfahrung kann Kinder aber auch in anderen Lebensbereichen blockieren. Insbesondere kann sich eine latente Grundängstlichkeit einstellen. Die Kinder rechnen immer mit dem Schlimmsten und sind durch diese Angst in ihrer Entwicklung gehemmt. Anstatt sich unternehmungslustig ins Leben zu stürzen und freudig neue Dinge auszuprobieren, brauchen sie immer die Sicherheit der Nähe zu den Eltern oder älteren Geschwistern. Leider wissen Eltern sehr häufig nicht, dass ihr Kind einen Zwilling hatte. Dann suchen sie bei Schwierigkeiten natürlich nach anderen Ursachen und Erklärungen.

Grundsätzlich zeigen sich alle in diesem Buch beschriebenen Problemfelder sowohl beim Verlust eines Zwillings als auch beim Verlust eines anderen Seelenkindes. Der erlebte Schmerz des lebenden Geschwisterkindes ist aber unterschiedlich. Wenn ein Kind mit seinem Verhalten unbewusst auf die ungeklärte Ordnung innerhalb der Familie aufmerksam machen möchte, lässt sich das Problem meist sehr schnell lösen, indem man die Ordnung wiederherstellt.

Ein lebender Zwilling hingegen braucht mehr Unterstützung. Da ist es meist nicht mit einer einmaligen Hilfestellung getan. Die Kinder brauchen während der ganzen Zeit ihres Aufwachsens immer wieder liebevolle Zuwendung, die es ihnen ermöglicht, den Schmerz und die Sehnsucht zu lindern. Weil sich diese erste Beziehungserfahrung im Laufe des Lebens in der Konstellation mit anderen Menschen wiederholen kann und das Kind lernen muss, dass auch Beziehungen, die nicht symbiotisch sind, durchaus lebenswert sein können. Die Kinder suchen von ihrem Impuls her immer die Symbiose, sei es mit den Eltern, mit Freunden oder später mit einem Lebenspartner. Nur werden sie dadurch den Bruch der ersten Beziehung zum Zwilling nicht heilen können. Sie müssen lernen, Nähe zu erfahren, ohne sie mit dem Maßstab der Symbiose zu messen. Dann kann sich die Zwillingsthematik lösen. Die Kinder müssen das Gefühl entwickeln »Ich bin ganz, auch ohne einen anderen Menschen«. Sie müssen das erzwungene Alleinsein als Qualität des »Mit-sich-Seins« erlernen. So werden sie emotional frei und unabhängig und können mit der Zeit erfüllte Beziehungen zu anderen Menschen erleben.

Wie Sie Ihrem Kind konkret helfen können, wenn es seinen verlorenen Zwilling vermisst, das zeige ich anhand verschiedener Themen. Ob Sie bis jetzt von dem Zwilling gewusst haben oder nicht: Aus meiner langjährigen Erfahrung kann ich sagen, dass gerade die unbemerkten Seelenkinder Schaden anrichten können – ohne dass sie das beabsichtigen, natürlich!

Die Wirkung des Vergessens

Werden Seelenkinder vergessen, gewinnen sie paradoxerweise an Wichtigkeit. Das ist eine Umkehrfunktion unseres Unterbewusstseins. Das Vergessen ist nur vordergründig. In der Tiefe wirkt das Wissen um die Zusammengehörigkeit. Die Seele hört nicht auf zu existieren. Auch nach Beendigung der Schwangerschaft gehört sie noch zur Familie. In dem Moment, in dem die Seele mit dem irdischen Leben in Kontakt gekommen ist, das heißt im Moment der Zeugung, ist sie in ein neues Bewusstsein übergegangen und hinterlässt im Leben ihrer Familie Spuren.

Je größer das Vergessen, umso größer die Spur. Diesen Umstand muss ich erläutern, denn es ist ganz wichtig, dass Sie als Eltern das verstehen. Es ist der zentrale Mechanismus, weswegen Kinder aus lauter Liebe zu ihren ungeborenen Geschwistern schwierige Verhaltensweisen entwickeln.

Alles strebt zum Leben. Wenn die Möglichkeit, Mensch zu werden, nicht gegeben ist, dann findet das Leben einen neuen Weg, um sich zu zeigen. Leben will sich ausdrücken, es findet nie im Verborgenen statt. Leben heißt sichtbar werden. Hat ein Kind während seiner kurzen Lebensspanne im mütterlichen Bauch keine Gelegenheit, sich zu zeigen, sucht sich die Seele des Kindes eine andere Ausdrucksform. Die energetische Spur im Familiennetz ist gelegt und entfaltet ihre Wirkung so oder so. Das Familiennetz »weiß« von dem Kind, selbst wenn die Eltern verstandesmäßig nicht gewahr werden, dass es dieses Kind gibt. Gerade in der Unbewusstheit der Eltern liegt die größte Wirkung. Weil sich daraus die Spannung entwickelt, die schlussendlich zu Problemen für die Geschwisterkinder führen kann, wenn diese mit dem Vergessen des Seelenkindes in Resonanz gehen. In Resonanz gehen heißt in diesem Falle, unbewusst auf das Seelenkind hinweisen zu wollen.

Natürlich kann es sein, dass die Eltern zwar von der Schwangerschaft wissen, aber nicht realisieren, dass auch ein verlorenes Kind zur Familie gehört. Hat man ein Kind verloren, meint man, dies sei ein unwiderrufliches Verlieren. Als hätte man ein Ohrring beim Schwimmen im Meer verloren; der ist für immer weg, und man hat keine Chance, ihn wiederzubekommen. Die Seelenkinder aber sind nicht für immer weg, sondern vielmehr für immer da.

Das fehlende Wissen führt bei den Eltern dazu, dass sie die Seelenkinder emotional ignorieren. Unter ignorieren verstehe ich eine aktive Form des Vergessens. Man könnte auch sagen, die Eltern entscheiden sich dafür, nicht mehr an ein verlorenes Kind zu denken, weil es nicht mehr da ist. Sie ignorieren damit aber die Tatsache, dass das Kind da gewesen ist. Sein kurzes Sein wird verleugnet und der Tod innerlich als wichtiger angeschaut als das kurze Leben des Kindes. Interessant dabei ist, dass auch über den Tod des Kindes kaum gesprochen wird. Er wird als Tatsache hingenommen, ohne dass sich die Eltern bewusst sind, dass der Tod immer der Abschluss des Lebens ist. Im Falle der Seelenkinder wird das Leben nicht wahrgenommen.

Deswegen müssen die Seelenkinder Wege finden, um auf sich aufmerksam zu machen. Eine Möglichkeit besteht darin, den Eltern Signale zu senden. Ein schönes Beispiel – herzförmiger Blutstropfen in Mamas Unterhose – kennen wir bereits. Wie Verstorbene versuchen, ihren Angehörigen tröstliche Zeichen zu übermitteln, indem sie das Lampenlicht flackern oder Gläser zerspringen lassen, so versuchen auch Seelenkinder, mit ihren Eltern zu kommunizieren. Signale von Seelenkindern gleichen in ihrer Zartheit dem Flügelschlag eines Schmetterlings und werden deswegen gern übersehen. Wohlige Wärme in der Herzregion; das Gefühl, es streichle jemand ganz sanft über den linken Arm, oder auch das Aufblitzen eines winzigen Lichts können solche Kommunikationsversuche sein.

Geschwister als Botschafter

So leise die Seelenkinder mit ihren Eltern sprechen, so deutlich können sie werden, wenn ihnen ihre Geschwister helfen. Kinder spüren intuitiv, was ist. Sie lassen sich nicht durch Verstandesargumente von ihrer Wahrnehmung abbringen. Im frühen Kindesalter ist dies von der kognitiven Entwicklung her gar nicht möglich, weil die Fähigkeit der Reflexion noch nicht gegeben ist. Deswegen ist das Erleben von Kindern unmittelbar von ihrem Fühlen geprägt. Was sie fühlen, ist ihre Realität – und nicht das, was sie sehen oder was man ihnen erzählt.

Ich habe gesagt, dass ein Kind vom Moment der Zeugung an ins energetische Familiennetz eingebunden ist. Von diesem Moment an hat ein Kind seinen Platz in der Familie. Wenn es nach wenigen Wochen bereits stirbt und somit »nur« noch als Seelenkind in der Familie präsent ist, bleibt sein Platz doch für immer reserviert. Selbst Geschwister, die nach dem Seelenkind geboren werden, spüren die Verbindung und sind irritiert, weil es im Familiennetz eine Art Leerstelle gibt. Durch die Zeugung ist ein neuer Platz in der Familie geschaffen worden, der im Alltag von keinem Menschen eingenommen wird. Stattdessen ist die Leere spürbar. Im Netz bleibt alle Information, die jemals verknüpft wurde, gespeichert. Ganz ähnlich wie in der digitalen Welt. Die Information geht nicht verloren.

Hinzu kommt, dass wir auf seelischer Ebene keinen Unterschied machen zwischen lebenden und toten Kindern. Beziehungsweise zwischen lebenden und toten Geschwistern. Wir fühlen uns ganz einfach in Liebe verbunden. Liebe möchte sich immer ausdrücken. Gibt man ihr keinen Anlass dazu, sucht sie sich einen anderen Weg. Das ist der Grund, weshalb sich die Verbundenheit der Geschwisterkinder zu den Seelenkindern in Lebensbereichen zeigt, die sich gerade anbieten. Geschwister stellen sich unbewusst zur Verfügung, um auf die Leerstelle aufmerksam zu machen. Es ist, als ob sie sagen möchten: »Da ist doch noch jemand, der zu uns gehört!« Die Geschwister realisieren, dass Peter Pan vor dem Fenster wie wild auf und ab fliegt und versucht, an den Gitterstäben zu rütteln. Weil sie noch mehr mit der geistigen Welt verbunden sind, können sie die Signale wahrnehmen, auch wenn sie rational nicht verstehen, worum es geht.

Seelenkinder sind real. Auch sie wollen gehört, geliebt und geachtet sein. Ihre Geschwister helfen ihnen, indem sie mit den eigenen Problemen auf das Ungleichgewicht in der Familie hinweisen. Kinder möchten Harmonie erleben. Diese Harmonie gibt es aber nur, wenn im Familiensystem Ordnung herrscht.

Abtreibungen und ihre Folgen im Familiensystem

Fehlgeburten werden ausgelöst, weil sich entweder die Seele des Kindes ganz freiwillig gegen das Leben entscheidet oder weil aufgrund einer Chromosomenanomalie die Voraussetzung für eine körperliche Entwicklung nicht gegeben ist. Daneben gibt es aber die Fälle, in denen eine Schwangerschaft auf Wunsch der Eltern oder zumindest der Mutter abgebrochen wird. Eine Abtreibung ist nicht nur ein einmaliges Erlebnis, es ist eine Entscheidung, die sich aufs ganze Leben auswirkt. Je nachdem sogar auf das ganze Leben der Geschwister. Ich bin auf jeden Fall dafür, Abtreibungen zu legalisieren. Trotzdem ist es mir wichtig, darauf hinzuweisen, welche Folgen eine Abtreibung im Familiensystem haben kann.

Bei einer Abtreibung geht es nicht hauptsächlich um die Frage von Richtig oder Falsch. Es geht um die Frage: Mit welchen Folgen kann ich besser leben?

Sehen wir uns zuerst die Seite des Kindes an. Die Seele des Kindes weiß um die Möglichkeit der Abtreibung. Sie geht dieses

Risiko bewusst ein und sagt trotzdem Ja zu den Eltern. Die Seele des Kindes ist erfüllt von sehr viel Liebe für seine Eltern. Und diese Liebe gilt es zu würdigen. Das Kind verzichtet auf sein Leben zugunsten der Eltern. Zugunsten dessen, was sie als wichtiger erachten als das Leben ihres Kindes. Deshalb ist es wichtig, dass die Eltern innerlich zu ihrer Entscheidung stehen. Sie müssen nicht sagen, dass es die richtige oder die falsche Entscheidung war. Aber sie müssen sagen: »Es war meine Entscheidung.«

Eine Abtreibung vollzieht man nicht einfach so. Viele Gedanken, Gefühle, Verwirrungen, Ängste und Sorgen haben zu diesem Entschluss geführt. Es gibt triftige Gründe, sich für eine Abtreibung zu entscheiden. Es ist keine einfache Entscheidung. Aber: Eine Abtreibung durchzuführen heißt, über Leben und Tod zu entscheiden. Allein dieser Umstand prägt. Die Erfahrung, dass man als Mensch die Möglichkeit hat, über Leben und Tod zu entscheiden, macht etwas mit der Seele.

Ich beobachte in der Begleitung von Frauen und auch Männern nach einer Abtreibung immer wieder, dass es darum für viele schwierig ist, weil sie das Gefühl haben, sich gegen den Fluss des Lebens gestellt zu haben. Das kostet sehr viel Energie. Da hilft es, wenn man versucht, sich nicht selbst zu verurteilen und doch innerlich die Verantwortung für die Entscheidung zu übernehmen. Das heißt auch, dass man nach einer Abtreibung trauern darf. Eine Freundin hat mir erzählt, dass es ihr nach ihrer Abtreibung schwergefallen ist, Trost anzunehmen. Ich habe ihr versichert, dass ihr dieser Trost zusteht. Auch wenn es ihre Entscheidung war, so ist das Resultat doch, dass ihr Kind gestorben ist und nie zur Welt kommen wird.

Ich habe Frauen erlebt, die sich nach einer Abtreibung selbst nicht mehr lieben konnten. Man entscheidet sich nicht nur gegen das Kind, sondern anscheinend auch ein bisschen gegen sich selbst. Der Satz »Ich liebe mich trotzdem« kann oft erst nach Jahren wieder gesagt werden. Dabei liegt gerade darin die Lösung. Sich und das Kind liebevoll anzunehmen. Denn die Geschichte hat ja auch eine positive Seite. Eine Seele hat entschieden, diese Frau als Mutter auszuwählen. Das ist ein großes Geschenk. Ein Kind ist immer ein Geschenk. Und dieses Geschenk darf man annehmen. Auch nachdem man sich für einen Schwangerschaftsabbruch entschieden hat. So finden die Seele des Kindes und der Mutter (oder des Vaters) in Liebe zusammen. Man kann nicht aufhören, Mutter oder Vater zu sein. Ich darf das Kind lieben, auch wenn ich mich gegen sein Leben entschieden habe. Eine Abtreibung geschieht selten, um dem Kind zu schaden. Sie geschieht zum Schutz der Eltern. Das gilt es zu achten.

Livia (ein Jahr) ist ein fröhliches, aufgewecktes Kind, wacht aber bis zu zehnmal pro Nacht auf. Dies ist für die ganze Familie sehr anstrengend. Mir ist schnell klar, dass Livia nicht das einzige Kind ihrer Eltern sein kann. Da mir die Eltern erzählen, dass sie erst wenige Monate zusammen waren, als die Mutter mit Livia schwanger wurde, frage ich nach vorherigen Beziehungen und Schwangerschaften. Es stellt sich heraus, dass sich beide Elternteile in einer früheren Beziehung für eine Abtreibung entschieden haben. Die Mutter hatte zudem einmal eine Fehlgeburt. Deswegen mache ich mit der Familie eine Aufstellung, in der ich für alle Seelenkinder eine Figur aufstelle. Die Reaktion der Eltern ist sehr unterschiedlich. Die Mutter spürt eine große Trauer um ihre Kinder. Der Vater hingegen fühlt sich gestärkt. Er spürt, wie wohltuend die neue Verbindung zu seinem abgetriebenen Kind ist. Die Familie mit allen Kindern zu sehen, führt ihn in seine Kraft. Einen Monat später berichtet mir die Familie, dass es Livia sehr gut geht. Die Eltern haben sich intensiv mit den Seelenkindern auseinandergesetzt und empfinden meine Erklärungen als stimmig und sinngebend.

Es ist für die Harmonie innerhalb der Familie wichtig, dass die abgetriebenen Kinder einen Platz bekommen. Nur so kann sich die Familie ganz fühlen. Und doch hat eine Abtreibung unter Umständen weitreichende Folgen, denen sich die meisten Menschen nicht bewusst sind. Ich erlebe immer wieder, dass jemand mit einem Problem zu mir kommt und wir entweder über die energetische Körperarbeit oder mittels medialer Wahrnehmung darauf kommen, dass die Ursache dieses Problems in der Zustimmung zu einer Abtreibung liegt. Selbst wenn diese Jahre zurückliegt. Ich habe da schon die verschiedensten Problemfelder gesehen.

Bei Frauen sind es häufig Beziehungsprobleme; das Gefühl, sie müssen auf das Glück im Leben verzichten; Depressionen; körperliche Schmerzen im Bauchbereich, ohne medizinische Ursachen; Schlafstörungen; Verlust der Libido bis zu hin zu Unfruchtbarkeit. Bei Männern zeigen sich vermehrt Arbeitssucht; Überbetonung der Ratio; der Versuch, die eigenen Gefühle abzustellen; Burn-out; Erektionsstörungen und ebenfalls Unfruchtbarkeit.

Was noch viel zu wenig bekannt ist, ist, dass die Geschwister des abgetriebenen Kindes ebenfalls Reaktionen zeigen können. Ich habe sogar schon erlebt, dass Kinder auf einen Schwangerschaftsabbruch in früheren Generationen reagiert haben. Grundsätzlich können alle in diesem Buch beschriebenen Schwierigkeiten von Kindern, die aus dem Vermissen eines Seelengeschwisterchens entstehen, auch nach Abtreibungen auftreten. Wie die Emotionalität von Kindern durch die Abtreibung eines Geschwisterkindes beeinflusst wird, darauf gehe ich in einem späteren Kapitel detailliert ein.

Eine Abtreibung hat nicht nur unmittelbare emotionale Konsequenzen für die Eltern und Geschwister, sie kann noch Jahre später versteckten Einfluss auf die Familie haben. Innerhalb des Familiensystems vererbt sich das Muster des Verlustes. Viele Menschen, deren Eltern eine Abtreibung durchführten, entscheiden sich im Erwachsenenalter selbst für eine Abtreibung. Das heißt nicht, dass sie keine Kinder bekommen. Aber eines der Kinder kommt nicht zur Welt. Ebenso können Geschwister von abgetriebenen Kindern später Beziehungsprobleme entwickeln oder Fehlgeburten haben. Das System vergisst nicht. Wenn etwas nicht aufgearbeitet wird, bleibt es als Muster gespeichert und entfaltet seine Wirkung bei allen Familienmitgliedern, die mit diesem Thema in Resonanz gehen.

Ein spannender Aspekt ist das Gefühl der unterschiedlichen Wertigkeit, das in der Familie durch die Abtreibung entsteht. Ich weiß von mehreren Familien, in denen sich die Eltern beim ersten Kind für eine Abtreibung entschieden haben, weil die Schwangerschaft zu einem ungünstigen Zeitpunkt kam. Jahre später haben sie weitere Kinder bekommen und sind total glücklich, diese Kinder zu haben. Bei den Geschwisterkindern taucht dann immer irgendwann im Leben die Frage auf »Warum durfte ich leben und das andere nicht?« Aus dieser Frage entsteht sehr häufig die Logik »Ich muss mich jetzt besonders bemühen, um meinen Eltern zu beweisen, dass ich es wert bin, am Leben zu sein«. Die Spannweite der Ausprägung dieser Logik geht von überangepasstem Verhalten im Kleinkindalter bis hin zu Erschöpfungszuständen während der Ausbildungszeit oder der Unterdrückung eigener Lebensvorstellungen – nur um den Eltern zu gefallen. Andererseits ist es auch möglich, dass sich die Geschwisterkinder nicht sicher fühlen und Bindungsschwierigkeiten haben, weil sie im Familiensystem Gefahr spüren. Nämlich die Gefahr, nicht leben zu dürfen. Das ist eine mögliche Ursache für eine unsichere oder ambivalente Bindung zwischen Eltern und Kindern.

Die Gründe, weswegen man sich für eine Abtreibung entscheidet, sind vielfältig. Meiner Erfahrung nach sind die Seelenkinder nach einer Abtreibung gut in der Familie integriert, wenn die Eltern um sie getrauert haben. Durch die Trauer wurden sie gewürdigt und als Familienmitglieder anerkannt. Ich erinnere mich an eine Klientin, die sich als ganz junge Frau für eine Abtreibung entschieden hat, weil sie damals in einer Notlage war. Sie kam zu mir, als sie über 50 Jahre alt war. Als ich ihr sagte, dass ich in ihrer Aura eine Kinderseele wahrnehmen könne, hat sie herzzerreißend geweint. Sie war so voller Liebe für dieses Kind. Bei ihr haben sich keine negativen Folgen eingestellt, weil ihr immer bewusst war, wie wichtig dieses Kind ist.

Wenn die Eltern aber sobald als möglich zur Tagesordnung übergehen und die Abtreibung zu verdrängen versuchen, dann entsteht eine Spannung im System, die sich irgendwann bemerkbar machen wird. Am weitreichendsten sind die Folgen, wenn aus der Abtreibung ein Geheimnis gemacht wird. Dazu sage ich später noch mehr.

Wenn Seelenkinder auf das Leben verzichten

Ich habe bisher ausgeklammert, dass meine Erklärungen bei Eltern die unterschiedlichsten Reaktionen auslösen können. Zu erfahren, dass die Familie größer ist, als man gedacht hat, kann eine große Herausforderungen sein. Glücklicherweise folgt auf die erste Überraschung meist ein Gefühl der Herzöffnung, nicht selten von Tränen begleitet. Der Aha-Moment führt zu körperlicher und emotionaler Entspannung und viele Eltern gehen gelöst aus der Praxis. Es gibt aber auch Eltern, die irritiert sind, wenn sie erfahren, dass ihr verlorenes Kind immer noch zur Familie gehört und sie sogar beeinflusst. Manche Eltern wollen die Zusammenhänge nicht akzeptieren und reagieren mit Unverständnis. Oder mit Schuldgefühlen:

Tamara kommt zu mir, weil ihr kleiner Sohn Flurin seit Jahren Schlafprobleme hat. Inzwischen ist ihr eigenes Schlafverhalten so gestört, dass sie mehrmals pro Nacht aufwacht, auch wenn er nicht nach ihr ruft. Flurin hat einen älteren Bruder und zwischen den beiden Brüdern hatte die Mutter eine Fehlgeburt. Als ich ihr im Gespräch die Bedeutung des Seelenkindes erkläre, antwortet sie nachdenklich: »Wäre dieses Kind zur Welt gekommen, gäbe es unseren Flurin nicht.«

Ja, nach logischen Grundsätzen kann man ausrechnen, dass bei geglückter Schwangerschaft das zweite Kind gelebt hätte und die Familienplanung abgeschlossen gewesen wäre. Das könnte zur Folge haben, dass Flurin nicht geboren worden wäre.

Wird einer Mutter diese Tatsache bewusst, ist es zunächst einmal schwierig. Die Trauer über den Verlust des zweiten Kindes streitet mit der Liebe zum dritten Kind. Aber beides hat nebeneinander Platz. Beide Gefühle sind entscheidend, um die Balance in der Familie wiederherzustellen. Es gilt erstens zu würdigen, dass das Seelenkind mit seinem Tod den Weg freigemacht hat für das lebende Kind. Überspitzt gesagt, hat es ein Opfer gebracht. Zweitens müssen die Eltern mit dem Aufblitzen eines Gedankens klarkommen: »Hätte das zweite Kind gelebt, hätten wir uns vielleicht gegen das dritte Kind entschieden.« In dem Sinne dagegen entschieden, dass keine weitere Schwangerschaft angestrebt worden wäre. Wie soll man verarbeiten, dass man ein geliebtes Kind vielleicht nicht bekommen hätte, wäre ein anderes am Leben geblieben?

Da hilft ein spirituelles Verständnis von Leben. Ich habe schon ausgeführt, dass das Leben entscheidet, ob ein Kind zur Welt kommt oder nicht. Im Beispiel von Tamara kann man gut sehen, dass das Leben es so eingerichtet hat, dass Flurin auf die Welt gekommen ist, weil es so sein sollte. Alle lebenden Menschen sind da, weil das Leben sie gewollt hat.

Was auch hilft, ist ein Gefühl der Dankbarkeit dem Seelenkind gegenüber. Weil das Seelenkind sich damit zufriedengegeben hat, »nur« energetisch zur Familie zu gehören, hat es dem nächsten Kind die Chance auf Leben geschenkt. Was auch immer der Grund für das frühe Ende der Schwangerschaft war, die Seelenkinder leiden nicht darunter. Schlimm ist nicht der Tod, sondern das Vergessen. Sie fragen sich vielleicht, wie die Seelenkinder das alles erleben. Ich sage Ihnen gern, was Seelenkinder brauchen.

Die Wünsche der Seelenkinder

Aus spiritueller Sicht gibt es verschiedene Gründe, weswegen eine Seele sich nach kurzer Zeit bereits wieder aus dem Leben verabschiedet. Ich habe kleine Seelen begleitet, die zuerst einmal üben wollten. Dies waren immer zarte Seelen, die einen ersten Versuch in Sachen Erdenleben unternehmen wollten. Die Strapazen des Lebens waren ihnen zu hart, deswegen bleiben sie lieber nur energetisch ein Teil der Familie. Sie möchten ein bisschen dabei sein und die Familie spüren, ohne den ganzen Lebensweg gehen zu müssen. Manchmal sind es auch sehr weit entwickelte Seelen, die ihren Eltern helfen möchten. Mit ihrem Tod schaffen sie die Möglichkeit, dass die Eltern in ihrer eigenen Persönlichkeitsentwicklung einen Schritt weiterkommen. Ich habe Mütter begleitet, die erst nach einer Fehlgeburt mit Sicherheit wussten, dass sie sich ein Kind wünschen. Andere Elternpaare haben dank der Fehlgeburt eingesehen, dass ihre Partnerschaft nicht stark genug ist für eine Elternschaft, und haben sich daraufhin getrennt. Seelenkinder möchten unter Umständen kleine Lehrer für die Eltern sein.

Bei den meisten Seelenkindern spüre ich eine innere Zustimmung zum eigenen Tod. Sie fühlen sich in der geistigen Welt wohl, und es geht ihnen gut, da wo sie sind. Vorausgesetzt, man ignoriert sie nicht! Sie möchten so gern von ihrer Mutter, ihrem Vater und ihren Geschwistern gesehen werden. Sie möchten ein Teil der Familie sein.

Es gibt natürlich auch vorwitzige Seelenkinder, die einen konkreten Wunsch haben. Nachdem ich nach Jahren endlich kapiert habe, dass ich noch eine Seelentochter habe, Emma, die ich lange nicht bemerkt habe, hat sie sich von ihrer Großmutter ein rosa Pferd mit Glitzer gewünscht. Ein nicht ganz einfacher Wunsch. Doch meine Mutter und ich haben in einem kleinen Spielzeugladen tatsächlich einen Kinderfingerring mit einem rosa Pferdchen samt Glitzermähne entdeckt. Emma hat gejubelt! Endlich hat sie ihr Geschenk bekommen und erst noch das, was sie sich am meisten gewünscht hat: Aufmerksamkeit.

Für die Seelenkinder ist es entscheidend, dass sie wahrgenommen werden. Das ist ihr größter Wunsch! Sie möchten ein Teil der gelebten Familienrealität sein. Die Spannung, die in der Familie entsteht, wenn man sie vergisst, wirkt sich nicht direkt auf die Seelenkinder aus, sondern vielmehr auf alle anderen Familienmitglieder. Wenn man die Seelenkinder zu vergessen versucht oder bewusst ignoriert, so ist das, als ob man mit aller Kraft die Tür zu einem verbotenen Zimmer zudrückt. Die Kraft, die man dazu aufwendet, fehlt in einem anderen Lebensbereich. Vergessen und verdrängen liegen in dem Falle nahe beieinander. Vergessen heißt normalerweise, ich denke nicht mehr an etwas, weil es für mich nicht mehr wichtig ist. Verdrängen bedeutet, ich versuche nicht mehr, an etwas zu denken, weil ich es nicht mehr sehen oder fühlen möchte. Wenn in einer Familie ein Thema willentlich nicht mehr beachtet wird, wirkt es unbewusst auf die einzelnen Personen und gewinnt dadurch an Bedeutung.

So wird aus dem Versuch des Vergessens ein Verdrängen und damit eine Blockade mit negativen Auswirkungen. Für Kinder sind diese Blockaden schwer auszuhalten, deswegen reagieren sie besonders sensibel darauf. Wie kreativ sie diese Blockaden ausdrücken, das wird sich in den kommenden Kapiteln zeigen. Es ist in jedem Fall besser, die Tür zu öffnen und sich den Gefühlen zu stellen, die sich lange in dem verbotenen Zimmer verborgen haben. So hat man auch die Chance, die wundersame Bekanntschaft mit seinem Seelenkind zu machen, die das Leben bereichern kann.

Die Integration der Seelenkinder

Nachdem Sie nun wissen, wie wichtig Seelenkinder sind, möchte ich Ihnen zeigen, wie Sie Ihr Seelenkind liebevoll in der Familie aufnehmen können. Die Übungen und Rituale sind alle aus meinem Praxisalltag entstanden. Familien haben mir erzählt, was sie für ihr Seelenkind gemacht haben. So ist über die Jahre ein schöner Fundus an Möglichkeiten zusammengekommen.

Rituale für das Seelenkind

Zunächst ist es wichtig, dass Sie als Eltern Ihr inneres Familienbild korrigieren können. Das Ziel ist es, dass Sie Ihre Haltung verändern können und zu einem neuen Gefühl kommen. Es bringt nichts, wenn Sie die vorgestellten Übungen im Schnellzugtempo abhaken. Die Integration der Seelenkinder passiert nicht mit dem Kopf. Sie kann nur im Herzen gelingen. Eine innere Haltung kann man nicht mit dem Verstand erzwingen, sie muss aus einem Gefühl heraus entstehen. Sie darf Zeit beanspruchen und langsam wachsen.

Wählen Sie die Übungen, die Ihnen gefallen, machen Sie die Übungen in Ruhe, und geben Sie sich selbst Zeit, ein neues Gefühl für Ihr Seelenkind zu entwickeln. Nur so kann sich aus der Integration ein positiver Effekt ergeben, mithilfe dessen sich die Probleme in Ihrer Familie lösen lassen. Es geht darum, bewusst Vater oder Mutter des Seelenkindes zu werden. Im Folgenden spreche ich immer von *einem* Seelenkind. Wenn Sie mehrere Seelenkinder haben, sind diese mit gemeint. Es hilft, wenn Sie sich etwas Zeit nehmen für Ihr Seelenkind, und versuchen, mit ihm in Kontakt zu treten. Das ist gar nicht schwierig.

Übung »Meditation mit dem Seelenkind«

Stellen Sie sicher, dass Sie nicht gestört werden. Setzen Sie sich bequem hin und atmen Sie tief ein und aus. Mit jedem Atemzug sinken Sie etwas mehr in Ihren Körper hinein. Ihr Körper wird schwer und weich. Visualisieren Sie in Ihrem Herzbereich ein helles Licht. Wie eine Sonne dehnt sich das Licht in Ihrem Herzbereich aus. Stellen Sie sich vor, in diesem Licht erscheint das Bild eines Kindes. Das Kind kommt auf Sie zu, und Sie dürfen es in die Arme schließen. Bleiben Sie so lange in dieser Verbindung, wie Sie möchten. Sie können dem Seelenkind alles sagen, was Sie bewegt. Und wenn Sie ganz still innehalten, kann es sein, dass Sie eine Antwort erhalten. Sei es in Form eines Wortes, eines Bildes oder eines Gefühls. Genießen Sie die Nähe zu Ihrem Kind, so lange Sie möchten. Wenn Sie bereit sind, atmen Sie tief in den Körper hinein, bis sich das Bild des Kindes auflöst. Dann kommen Sie mit Ihrem Bewusstsein wieder zurück ins Hier und Jetzt.

Es ist gut, wenn Gefühle auftauchen, egal ob Freude oder Trauer. Gerade die Trauer ist ein sehr wichtiges Gefühl. Wenn Sie die Trauer zulassen können, ist das der erste Schritt zur Integration des Kindes in Ihre Familie. Die Trauer ist gut, denn sie zeigt, wie wertvoll dieses Kind für Sie persönlich ist. Vielleicht spüren Sie bei der Meditation auch Glück und Freude. Dieses Kind gehört zu Ihnen. Auch wenn Sie es im Leben nicht begleiten können, es wird doch immer Ihr Kind bleiben.

Übung »Liebesbrief ans Seelenkind«

Wenn wir etwas in Worte fassen, bekommt es Gewicht. Solange ich etwas nur denke, bleibt es zu wenig fassbar. Eine schöne Form, das Seelenkind zu begrüßen, ist, ihm einen Brief zu schreiben. Folgende Worte habe ich an eines meiner Seelenkinder geschrieben – sie dürfen als Inspiration für andere Mütter und Väter dienen:

»Emma, nun habe ich von dir erfahren – wie glücklich ich darüber bin! Du bekommst einen Platz in meinem Herzen. Dass ich dich gefunden habe, liebe Emma, macht mich stark. Das hast du geschafft, meine Tochter, mit deiner Liebe, mit der du die ganze Zeit auf mich geschaut hast. Nun bin ich diejenige, die zu dir schaut. Auch wenn ich nicht alle Tage an dich denken werde, trage ich dich doch in meinem Herzen.«

Das Briefeschreiben macht deutlich, dass wir jederzeit mit unserem Seelenkind kommunizieren können. Ein Liebesbrief ans Seelenkind kann gut mit einem Gedicht beendet werden:

Liebes Kind
Ich bin deine Mutter
Du bist mein Kind
Ich lebe weiter ohne dich
Für immer mit dir verbunden
Ich lebe weiter mit dir
Und so lebst du in mir

Liebes Kind
Geh du deinen Weg
Ich bleibe hier
Für immer dein Vater
Du bleibst mein Kind
Ich hier und du da

Liebes Kind
Du bist in deiner Welt
Und wir sind in unserer Welt
Trotzdem bleiben wir deine Eltern
Und du bleibst unser Kind

Liebe Schwester, lieber Bruder
Ich bin ich
Du bist du
Wir sind beide gleich
In Liebe gerufen
Jeder auf seinem Platz

Die Gedichte können auch bei einem Ritual für die ganze Familie gesprochen werden. Sie drücken die innere Verbundenheit aus, die nach dem Tod noch spürbar ist.

Übung »Willkommensritual fürs Seelenkind«

In allen Kulturen gibt es Rituale, um ein neugeborenes Kind im Leben willkommen zu heißen. In unserem Kulturkreis ist das meist die Taufe. Damit wird das Kind in der Familie und im Freundeskreis aufgenommen und mit guten Wünschen für die Zukunft gesegnet. Bei einem Seelenkind finden Geburt und Tod in einem Ereignis statt. In unserem Bewusstsein überwiegt dann der Tod: »Ich habe ein Kind verloren.« Dieser Teil der Geschichte bleibt präsenter als die Tatsache, dass ein Kind dagewesen ist. Um dem Seelenkind zu zeigen, wie wichtig es für die Familie ist, und um die Familienharmonie wiederherzustellen, ist es ratsam, ein Ritual mit der ganzen Familie zu machen. Dabei sind Ihren Ideen keine Grenzen gesetzt. Ich kenne Familien, die haben eine Zeit lang zu Hause eine Kerze brennen lassen. Eine andere Familie hat am ersten August, dem schweizerischen Nationalfeiertag, eine Botschaft fürs Seelenkind auf eine Rakete geschrieben und in den Himmel geschickt. Einmal hat mir eine Familie erzählt, sie hätten in einem Bachbett Steine gesucht. Für jedes Seelenkind haben sie zu Hause einen Stein farbig bemalt und in den Garten gelegt. Schön finde ich auch folgendes Beispiel: Eine Familie hat bei der Taufe der lebenden Tochter auf ihrer Taufkerze ein Zeichen fürs Seelenkind anbringen lassen und im Gottesdienst für das Seelenkind gebetet.

Finden Sie ein Ritual, das zu Ihnen und Ihrem Glauben passt. Alles, was sich für Sie und Ihre Familie stimmig anfühlt, ist richtig. Folgende Elemente können Sie gut einbauen:

- eine Kerze anzünden – zu Hause oder in der Kirche,
- ein Lied singen,
- einen Baum pflanzen,
- ein Bild malen,
- ein Gefäß töpfern,
- Blütenblätter in einem Bach schwimmen lassen,
- ein Ballon in den Himmel fliegen lassen,
- engelkarten ziehen.

Überlegen Sie sich, ob Sie das Ritual im kleinen Kreis abhalten wollen oder ob Sie die Großeltern, Ihre eigenen Geschwister oder enge Freunde dazu einladen möchten. Das Seelenkind in der Gemeinschaft willkommen zu heißen, kann ebenfalls sehr schön sein.

Übung »Etwas finden, das bleibt«

Ich empfehle immer, etwas zu finden, das man zu Hause aufstellen kann. Einen Stellvertreter auf Erden, der ans Seelenkind erinnert. Das kann eine kleine Engelsfigur sein, ein selbstgemaltes Bild, ein neu gepflanzter Baum im Garten oder ein Schmuckstück. Meine Freundin Luzia hat sich nach der Fehlgeburt ihres Sohnes einen Diamanten in den Ehering einsetzen lassen. Sie erklärte mir: »Das bleibt für die Ewigkeit.«

Das ist das Schwierige am Verlust eines Seelenkindes – man hat keinen sichtbaren Beweis für seine Existenz. Wenn man Glück hat, ein Ultraschallbild, manchmal noch nicht einmal das. Deswegen ist es so hilfreich, etwas Bleibendes zu finden, das ans Seelenkind erinnert.

Übung »Dem Seelenkind einen Namen geben«

Eine schöne Form der Integration ist, einen Namen für das Seelenkind zu wählen. Jemanden beim Namen zu nennen verdeutlicht, dass ich ihn anerkenne. Wenn Sie Ihrem Seelenkind einen Namen geben, wird es mehr Teil der Familie. Seelenkinder wünschen sich einen Namen, das erfahre ich in medialen Sitzungen immer wieder. Ihr größter Wunsch ist es, zur Familie zu gehören. Wenn sie einen Namen bekommen, fühlen sie sich geliebt. Einen Namen zu wählen, ist auch deswegen eine gute Idee, weil es leichter fällt, von »Benjamin« zu sprechen als von dem Kind, »das nicht geboren wurde«.

Jemanden beim Namen zu nennen verdeutlicht, dass ich ihn anerkenne. Zudem hilft die Namenssuche dabei, das Seelenkind als richtiges Kind zu begreifen.

Über das Seelenkind sprechen

Die zentrale Aussage dieses Buches ist: Reden Sie über Ihr Seelenkind. Mit Ihrer Familie, mit Ihren Freunden, und vor allem erzählen Sie Ihren Kindern, dass sie ein Seelengeschwisterchen haben.

Ich kenne alle Einwände wie »Das verstehen sie nicht«; »Sie sind noch zu klein«; »Das geht sie nichts an«; »Das verunsichert sie bestimmt« und so weiter. Seit vielen Jahren arbeite ich mit Familien und das Integrieren von Seelenkindern spielt bei meinen

Therapien eine zentrale Rolle. Ich habe noch nie erlebt, dass ein Kind negativ auf die Eröffnung reagiert hat, dass noch jemand zur Familie gehört. Kinder reagieren freudig, bisweilen neugierig und sehr häufig erleichtert auf diese Nachricht. In ihrem Herzen haben sie es gewusst, und wenn es ausgesprochen wird, entlastet das ungemein. Schulkinder nehmen die Nachricht auch einmal neutral zur Kenntnis, ohne sich groß darüber zu äußern. Erst im Nachhinein zeigt sich in ihrem Verhalten, dass ihr Gefühlsleben ausgeglichener ist als zuvor. Kleinkinder erleben die Eröffnung als magischen Moment. Ich habe ein Geschwisterchen, das im Himmel wohnt! Diese Vorstellung ist sehr kindgerecht und verunsichert sie kein bisschen. Im Gegenteil: Viele Kinder haben mir mit leuchtenden Augen berichtet, dass sie ein Geschwisterchen haben, das so etwas »wie ein Engel« sei. Kinder sind mit der geistigen Welt auf natürliche Weise verbunden. Da sie bis zu einem gewissen Alter auch unsere Welt als beseelt empfinden, ist die Vorstellung von einem Geschwisterchen, das unsichtbar ist, gar nicht schwierig für sie. Geben Sie Ihren Kindern die Chance, schon früh im Leben die wahre Familienharmonie zu erleben! Das stärkt sie in ihrer emotionalen Entwicklung und verhindert körperliche und psychische Schwierigkeiten.

Das Gespräch mit den lebenden Kindern

Viele Klienten haben mich gefragt, wie sie ihren Kindern von einem Seelenkind erzählen sollen. Ich kann eines vorwegnehmen: Es ist nicht so schwierig, wie man meint. Die wichtigste Prämisse ist, dass man offen und ehrlich mit den Kindern spricht. Sie erzählen Ihren Kindern kein schlimmes Geheimnis. Sie offenbaren ihnen eine wunderbare Tatsache, nämlich dass sich noch eine weitere Seele dafür entschieden hat, zu Ihrer Familie zu gehören. Gehen Sie mit diesem Blickwinkel in das Gespräch hinein. So können Sie viel freier erzählen.

Sie können das Gespräch im gesamten Familienverband führen oder jedem Kind einzeln davon erzählen. Es gibt hier kein

Richtig oder Falsch. Wichtig ist nur, dass sich die Eltern während des Gesprächs wohl fühlen. Sie können sich als Eltern auch vorbereitend absprechen, was Sie den Kindern sagen wollen. Die erwähnten Details und die Wortwahl können Sie miteinander festlegen. Wenn Sie eher der spontane Typ sind, machen Sie es einfach aus dem Bauch heraus.

Ich kann nicht alle Varianten aufzeigen, wie man ein solches Gespräch führen kann. Das hängt vom Alter der lebenden Kinder und der Geschichte des Seelenkindes ab. Aber ich kann Ihnen ein paar Formulierungsvorschläge aufzeigen, an denen Sie sich orientieren können:

- Bevor du geboren wurdest, war deine Mama schon einmal schwanger mit einem anderen Baby.
- Zu unserer Familie gehört noch ein weiteres Kind, das ganz früh in der Schwangerschaft gestorben ist.
- Du hast ein Geschwisterchen, das nicht bei uns leben kann, weil es bereits im Himmel ist.
- Das Kind in Mamas Bauch wird nicht geboren werden, es geht zurück zu den Engeln. Sein Körper ist zu schwach für das Leben, und darum hat sein Herz aufgehört zu schlagen. Bei Babys, die noch winzig klein sind, passiert das manchmal.
- Als ich ganz jung war, habe ich schon einmal ein Kind erwartet. Ich fühlte mich damals nicht reif genug, um Mama/Papa zu sein, und deswegen habe ich mich gegen dieses Kind entschieden.
- Als du bei der Mama im Bauch warst, hattest du am Anfang Begleitung von einer anderen Seele. Das ist deine Zwillingsschwester. Sie hat sich entschieden, dass sie lieber in der geistigen Welt bleiben möchte, und deswegen ist sie nicht mit dir auf die Welt gekommen.
- Wir werden dieses Kind niemals vergessen, auch wenn es nicht bei uns sein kann.
- Wir lieben dieses Kind, obwohl wir es nie im Arm halten können.

Wählen Sie eine Gesprächssituation, in der Sie frei sprechen können. Dafür eignet sich ein gemütlicher Sonntagnachmittag zu Hause, ein Spaziergang im Wald oder der Moment vor dem Einschlafen abends. Je älter Ihre Kinder sind, umso wichtiger ist es, dass Sie Ihnen die medizinischen Fakten erklären. Beantworten Sie unbedingt alle Fragen, die Ihre Kinder während oder auch nach dem Gespräch zum Thema Seelenkinder stellen.

Wenn Kinder von ihren Seelengeschwistern erfahren haben, möchten Sie danach darüber reden. Es kann also passieren, dass Ihr Kind der Nachbarin fröhlich erzählt, dass es noch einen Bruder hat. Überlegen Sie sich als Eltern, wie Sie mit solchen Situationen umgehen möchten. Gerade weil es in unserer Gesellschaft noch nicht üblich ist, dass man die Seelenkinder zur Familie zählt, kann es zu unangenehmen Situationen kommen, wenn Sie nicht darauf vorbereitet sind. Wenn Sie die Vorstellung erschreckt, dass Ihre Kinder anderen Menschen von den Seelenkindern erzählen könnten, sollten Sie das thematisieren. Wie Sie Ihren Kindern erklären, dass es Dinge gibt, die man nur zu Hause machen darf, wie zum Beispiel den Teller ablecken, wenn leckeres Eis darauf war, so können Sie auch erklären, dass es Dinge gibt, die man nur zu Hause besprechen möchte.

Wobei es zu beachten gilt, dass die Familie dadurch gleich wieder von einem Geheimnis belastet wird. Ich möchte Sie deshalb zu einem offenen Umgang ermuntern. Ich weiß, es ist nicht leicht, mit fremden Personen darüber zu sprechen. Aber je mehr wir es zulassen, umso positiver werden die Reaktionen. Die Zahlen belegen schließlich, dass ein großer Teil aller Familien eines oder mehrere Seelenkinder haben. Also lassen Sie uns mutig sein und das Tabu brechen, indem wir einander von unseren Seelenkindern erzählen!

Das Gespräch mit dem Partner

Ich erlebe immer wieder die Situation, dass ein Paar mir versichert, dass es in der Familie keine weitere Schwangerschaft gegeben hat. Dann geht zum Beispiel der Mann kurz aus dem Zimmer, und die Frau flüstert mir zu, dass es tatsächlich noch ein Seelenkind gibt, ihr Mann aber nichts davon weiß, weil dieses Kind in einer früheren Beziehung gezeugt wurde. Die Erklärung für das Verschweigen ist immer dieselbe: »Das hat mit seinem Leben ja nichts zu tun.«

Wenn die Frau ein weiteres Kind hat, das nicht geboren werden konnte, hat es durchaus mit seinem Leben zu tun. Insbesondere wenn das Paar später eigene Kinder bekommt. Auch wenn dieses frühere Kind einen anderen Vater hat, so ist es doch ein Geschwisterchen der gemeinsamen Kinder und gehört damit in die Familienstruktur. Ganz abgesehen davon, dass es ein wichtiger Teil der Lebensgeschichte der Frau ist. Oder des Mannes, je nachdem, wer etwas verschweigt.

Das gleiche Argument wird angeführt, wenn Eltern ihren Kindern nichts erzählen wollen. »Das ist meine Geschichte, nicht die meiner Kinder.« Wie oft bekomme ich diesen Satz zu hören! Aber es ist sehr wohl die Geschichte von allen. Weil das Seelenkind das familiäre Gefüge mitgestaltet hat. Verschweigt man das Seelenkind nicht nur den Kindern, sondern auch dem Partner gegenüber, entwickelt das Geheimnis eine doppelte Wirkung. Es kann dann auf zwei Ebenen blockierend wirken und auch die Paarbeziehung negativ beeinflussen. Weil etwas Unausgesprochenes zwischen dem Paar ist und beide energetisch trennt. Die Wahrheit hingegen verbindet.

Wenn Sie in einer früheren Beziehung ein Kind verloren haben oder sich für eine Abtreibung entschieden haben, erzählen Sie Ihrer jetzigen Partnerin, Ihrem jetzigen Partner davon. Sie geben ihr oder ihm damit die Chance, auch an diesem Teil Ihres Lebens teilzuhaben und Sie ganz kennenzulernen.

Von den Seelenkindern zu reden ist deswegen so wichtig, weil durch das Erzählen eine erfahrbare Form von Realität geschaffen wird. Wenn ich über etwas rede, wird es für mich und mein Gegenüber fassbar. Die Geschichte der Seelenkinder zu erzählen, macht sie real. Damit die Seelenkinder Frieden finden und die Eltern und Geschwister in der Lage sind, die Kinder in Liebe loszulassen, ist das Gespräch so wichtig. Erst wenn alle Bescheid wissen und die Chance haben, um die Seelenkinder zu trauern, kann man sie gehen lassen. Das Ignorieren führt paradoxerweise dazu, dass man nicht loslassen kann. Das Integrieren hingegen führt in einem zweiten Schritt zu einer friedvollen Ablösung, die sowohl für die Seele der Seelenkinder gut ist als auch für die Familie.

Der positive Effekt des Wissens

In der psychologischen Arbeit mit Erwachsenen zeigt sich, wie wichtig es ist, dass man von verlorenen Geschwistern erfährt. Emotionale Schwierigkeiten können gelöst werden, wenn das innere Familienbild der energetischen Wahrheit entspricht. Bei Kindern habe ich über die letzten zwölf Jahre ebenfalls die Erfahrung gemacht, dass es ihnen besser geht, nachdem sie von ihren Seelengeschwistern erfahren haben. Vielleicht können Sie das besser nachvollziehen, wenn Sie die Geschichte meiner Klientin Alina lesen:

Bereits als Kind wünschte ich mir einen älteren Bruder. Ich hätte es spannend gefunden, mit jemandem meine Abenteuerlust zu teilen. Zudem empfand ich die Vorbildrolle als älteste von drei Schwestern bis ins Jugendalter als belastend. Die Konstellation stimmte für mich nicht und vor allem mit der mittleren Schwester stritt ich mich sehr häufig über alle möglichen Dinge. Es war ein stetes Gefühl von »sich unverstanden fühlen«, aber ich konnte mir den Grund dafür sowie für die Streitereien nie richtig erklären.
Ich wusste, dass meine Mutter in einer Notsituation ein Kind verloren hatte, bevor ich auf die Welt kam. Eine Verbindung zu unserer Familiensituation stellte ich jedoch nie her. Als ich

Jahre später erfuhr, dass durch das »erste Kind«, das ebenfalls seinen Platz in der Familie beansprucht, die Rollen verschoben sind, wurde mir vieles klar.
Kurz darauf machte ich eine Reise in die USA, die zu einem meiner emotionalsten und schönsten Erlebnisse werden sollte. Es gab einige Momente, wo mich die intensiven Gefühle so überwältigten, dass ich vor lauter Freude tränenüberströmt im Auto saß und mein Glück kaum fassen konnte. Auf der ganzen Reise spürte ich eine tiefe Entspannung und »ein Aufgehobensein«. Gegen Ende der Reise schrieb ich meinem Bruder einen Brief, den ich bei einem Strandspaziergang in kleine Stücke riss und unter einem Stein vergrub. Das war der Anfang einer Phase, in der ich begann, eine tiefere Beziehung zu mir, meiner Umgebung und meinen Mitmenschen aufzubauen. Auch heute fühle ich mich nach wie vor total aufgehoben in meiner Welt und spüre eine tiefe Zuversicht. Besonders stark empfinde ich diesen Zustand, wenn ich allein auf Reisen bin oder mich großen Herausforderungen ausgesetzt sehe. Ich habe grundsätzlich einen besseren Zugang zu meiner Intuition und bin gelassener, sodass ich »Dinge passieren lassen« kann. Mein Bruder ist immer für mich da, wir haben jedoch beide unseren Platz in der Familie gefunden und unterstützen uns im positiven Sinne.

Wissen die Geschwister von den Seelenkindern, entsteht eine Harmonie, die allen Familienmitgliedern guttut. Das Wissen wirkt in jedem Fall stärkend.

Sie sehen, es gibt viele Möglichkeiten, ein Seelenkind herzlich aufzunehmen. Weitere Übungen, um dem Seelenkind seinen Platz in der Familie zu geben, finden Sie jeweils am Ende der kommenden Kapitel. Für dieses Buch habe ich die Übungen spezifischen Themen zugeordnet. Selbstverständlich können Sie die Übungen auch machen, wenn das jeweilige Thema in Ihrer Familie kein Problem ist. Ein positiver Effekt auf das gesamte Familienleben wird sich trotzdem einstellen.

Der emotionale Schmerz von Schreibabys

Wenn ein Baby schreit, löst das in der Mutter automatisch den Reflex aus, sich um das Kind zu kümmern. Es gibt Frauen, die einen körperlichen Sog hin zum Baby verspüren, sobald sie das Schreien hören. Dieser Reflex ist biologisch bedingt und sichert das Überleben des Babys.

Die Diagnose Schreibaby

Ein Baby, das mehr als drei Stunden pro Tag schreit, und das an mehr als drei aufeinanderfolgenden Tagen über einen Zeitraum von mehr als drei Wochen, gilt gemeinhin als ein Schreibaby. Diese Regel bietet nur einen groben Einteilungsrahmen. Das individuelle Empfinden der Eltern spielt in meinen Augen eine große Rolle, ob man ein Baby als ein Schreibaby betiteln soll oder nicht. Schreit das Baby so lange und intensiv, dass seine Eltern an ihre Belastungsgrenzen kommen, spielt es keine Rolle, ob die Regel erfüllt ist oder nicht. Wenn sich die Mutter um ihr Kind kümmert, ihm zu trinken geben kann oder es sanft in ihren Armen wiegt, bis es sich wieder beruhigt, ist alles in Ordnung. Viele Eltern erleben aber die Situation, dass sie ihr schreiendes Baby nicht oder nur sehr selten beruhigen können. Wenn alle Versuche, das Kind zu beruhigen, scheitern, zerrt das an den Nerven der Eltern. Die Eltern fühlen sich der Situation hilflos ausgeliefert, weil alle Versuche, dem Kind zu helfen, scheitern. Das Baby schreit, was auch immer die Eltern ausprobieren. Ich begleite sehr viele Familien mit einem Schreibaby. Energetische Behandlungen sind eine wunderbare Hilfestellung, um den Babys zu mehr Entspannung und Sicherheit zu verhelfen. Nicht jedes Neugeborene erlebt einen entspannten Start ins Leben.

Die Geburt als Übergang

Die Seele bereitet sich in der geistigen Welt auf das Erdenleben vor. Die Forschungen der Pränatalmedizin der letzten Jahrzehnte haben gezeigt, dass Babys bereits im Mutterleib prägende Erfahrungen machen, die ihr Gefühlsleben beeinflussen. Aus meiner Erfahrung ist es sogar so, dass »Erfahrungen« vor der Zeugung emotionale Spuren hinterlassen können. Es ist nicht leicht, diese Art der Erfahrung zu beschreiben, weil uns die Begriffe fehlen, um diese Seinsebenen zu benennen. Wenn ich energetisch mit einem Schreibaby arbeite, sehe ich vor meinem inneren Auge farbige Welten und kann die Gefühle miterleben, die das Kind vor seinem Menschwerden gehabt hat. Dies sind mitunter helle, schöne Eindrücke, die voller Leichtigkeit und Glückseligkeit sind. Dann ist bei den Babys Sehnsucht nach der geistigen Welt spürbar. Sie vermissen die Helligkeit und das Gefühl des Schwebens. Den eigenen Körper empfinden sie als zu enge Begrenzung, so als ob sie im Körper eingesperrt wären. Diese Babys schreien einerseits aus Heimweh nach der geistigen Welt und andererseits weil sie sich im eigenen Körper nicht wohl fühlen. Sie fühlen sich vom eigenen Körper erdrückt.

Andere Babys bringen viel Schwere und dunkle Bilder in unsere Welt mit. Für sie sind belastende Erinnerungen noch präsent, und sie haben auf seelischer Ebene nicht realisiert, dass sie in ein neues Leben eingetaucht sind. Dies sehe ich oft bei sogenannten »alten Seelen«, die schon einige Inkarnationen erlebt haben. Erfahrungen aus früheren Leben können sich nach der Geburt wie ein Schatten auf das jetzige Leben legen. Diese Babys schreien, um alte Gefühle zu verarbeiten, die sie noch mit sich tragen. Das Schreien hat in dem Falle eine reinigende Wirkung und hilft, dass die Kinder alles Belastende hinter sich lassen können.

Neugeborene sind vom ersten Atemzug an eigene Persönlichkeiten und jedes hat seine eigene Geschichte. Es ist deswegen nicht möglich, allgemeingültige Aussagen zu machen, weswegen ein Baby zum Schreibaby wird. Aber was ich bei allen Schreibabys gesehen habe, die ich während der letzten Jahre energetisch behandelt habe, ist, dass sie eine Verletzung in der Aura haben. Die Verletzungen an sich waren unterschiedlich, aber immer in irgendeiner Form vorhanden. Zum besseren Verständnis erkläre ich kurz den Aufbau der Aura und die wichtigsten Chakren:

Die Aura ist die Energieschicht, die unseren physischen Körper umschließt. Die Aura selbst besteht aus verschiedenen Körpern. Die bekanntesten sind der Ätherkörper, der Emotionalkörper, der Mentalkörper und der Astralkörper, die den physischen Körper umgeben. Die Aura selbst können Sie sich als Informationsträger vorstellen. In den einzelnen Schichten sind Informationen zu unserem Leben gespeichert. Im Ätherkörper finden sich Hinweise auf die körperliche Verfassung, im Emotionalkörper sind die Gefühlsinformationen sichtbar und der Mentalkörper bildet sich aus unseren Gedankenkonstrukten. Im Idealzustand liegen die Schichten harmonisch übereinander.

Die Energie innerhalb der Aura wird von den Chakren bestimmt. Chakren sind Energiezentren, die an verschiedenen Stellen des Körpers zu finden sind. Das Wort Chakra kommt aus dem Sanskrit und bedeutet Rad oder Kreis. So können Sie sich die Chakren auch vorstellen. Es sind sich drehende Energiekreise, die den physischen Körper mit der Aura verbinden. Das erste Chakra ist das Wurzelchakra, es befindet sich am unteren Ende der Wirbelsäule zwischen den Beinen, hat die Farbe Rot und steht für Vertrauen und Erdung. Das zweite Chakra liegt direkt unterhalb des Bauchnabels, es ist das Sakralchakra, der heilige Ort. Es zeigt sich in Orange und steht für Sexualität und Lebensfreude. Das dritte Chakra ist der gelbe Solarplexus, es befindet sich gleich oberhalb des Bauchnabels und symbolisiert die innere Mitte. Das vierte Chakra ist das Herzchakra. Es leuchtet in sanftem Grün und steht für Liebe, Heilung und Mitgefühl. Das fünfte Chakra ist das Halschakra, ganz türkis, das die Ausdrucksfähigkeit und Kommunikation symbolisiert. Auf der Stirn befindet sich das sechste Chakra, das sogenannte dritte Auge. Hier befindet sich aus energetischer Sicht die Wahrnehmungsfähigkeit und Intuition. Und schließlich das Scheitel- oder Kronenchakra, das sich oberhalb des Kopfes befindet. Es hat die Farbe Violett, die auch für Transformation steht. Über das Kronenchakra sind wir mit der göttlichen Energie verbunden. Sind die Energiezentren ausgeglichen, ist der Körper ebenfalls in Harmonie. Sobald eines der Chakren blockiert ist, kann sich dies in körperlichen Symptomen zeigen.

Während der Geburt öffnen sich die Chakren eines Babys und sollten sich in den ersten Lebenstagen wieder schließen. Wenn das nicht passiert, ist in der Aura des Babys eine Art Verletzung sichtbar. Diese Verletzung bringt das Baby in ein energetisches Ungleichgewicht, was sehr häufig der Grund für das exzessive Schreien ist. Bekommt das Baby eine energetische Behandlung, in der die Aura harmonisiert wird, schreit es in der Folge weniger.

Während der Schwangerschaft pendelt das Ungeborene mit seinem Bewusstsein zwischen unserer Welt und der geistigen Welt hin und her. Das ist möglich, weil die Seele ein multidimensionales Wesen ist und nicht wie der Körper an nur einen Ort gebunden. Das Ungeborene nimmt die Eindrücke aus dem mütterlichen Körper auf, gleichzeitig verweilt die Seele noch in den höheren Bewusstseinsebenen. Es ist individuell, wann die Seele des Kindes ganz mit seinem Körper verbunden ist beziehungsweise wann die Seele ganz in diesem Leben ankommt.

Die Geburt stellt den ersten Übergang vom höheren Bewusstsein zum Erdenbewusstsein dar. Nicht alle Kinder sind aber gleich nach der Geburt voll im Leben präsent. Gerade bei schwierigen Geburten ist es so, dass die Kinder danach viel Zeit brauchen, um in ihrem Körper anzukommen. Dieses Ankommen geschieht, indem die Seele des Kindes in den Körper hineinfließt. Als wäre die Seele eine Flüssigkeit und der Körper ein Gefäß. Je mehr die Seele den Körper auszufüllen vermag, umso besser ist der Mensch geerdet. Neugeborene müssen diese Erdung erst vollbringen. Oftmals sind sie zu Beginn des Lebens nur in einer Innenwelt präsent. Sie schlafen, essen und weinen ganz normal, doch ihre Aufmerksamkeit ist noch nach innen gerichtet. Die Außenwelt interessiert sie kaum.

Babys mit einer guten Erdung, die bereits angekommen sind, sind mit ihrer Aufmerksamkeit viel mehr auf die Umwelt gerichtet, ohne dabei den Kontakt zu sich zu verlieren. Es sind die zufriedenen Wonneproppen, denen nichts entgeht, die sich aber auch nicht so schnell aus der Ruhe bringen lassen. Oftmals ist es einfach eine Frage der Zeit, bis ein Kind ganz im Körper ankommt. Aber nicht alle Kinder schaffen es allein. Das Problem dabei ist, dass bei fehlender Erdung die Kinder energetisch zu wenig Schutz haben. Irgendwann gibt jedes Neugeborene die Innenschau auf. Ist es zu dem Zeitpunkt noch nicht geerdet, erscheinen alle Eindrücke von außen intensiver. Alles erscheint lauter, kälter, heller, schmerzhafter, als es bei einer guten Erdung wäre. Babys mit einer schlechten Erdung erleben die Welt um sich herum als bedrohlich, weil sie von ihrem Körper nicht geschützt werden. Wir haben nicht umsonst einen physischen, robusten Körper. Er dient dem Schutz der Seele. Nur dank des Körpers sind wir in der Lage, diese Art des Lebens zu führen. Sind wir zu wenig mit dem Körper verbunden, ist das Leben anstrengend. Das gilt auch für Erwachsene.

Nun ist es so, dass sich die Seele immer dann ein wenig aus dem Körper zurückzieht, wenn wir etwas Bedrohliches erleben. Dies ist eine Schockreaktion, mit der die Seele sich selbst schützt. In der Psychologie wird dieses Traumamuster auch als »Zerfall der Einheit von Körper und Psyche«[6] beschrieben. Wenn beispielsweise jemand einen Autounfall hat, zieht sich die Seele augenblicklich aus dem Körper hinaus und wandert mit dem Bewusstsein in andere Ebenen. So wirkt das Erlebte weniger zerstörerisch. Ist der traumatische Moment vorbei, verbindet sich die Seele wieder mit dem Körper.

Nun ist die Geburt für die wenigsten Babys ein Spaziergang. Es ist vielmehr ein angsteinflößender Vorgang, von dem das Baby nicht wissen kann, ob es gut ausgeht. Unter den Geburtswehen ist das Kind starken Kräften ausgesetzt und muss sich mit großer Anstrengung durch das Becken der Mutter kämpfen oder es wird vom Arzt gewaltsam aus dem Bauch der Mutter gerissen. Am Ende wartet eine unbekannte Welt, in der alles neu ist. Es erstaunt deshalb nicht, dass viele Kinder einen Geburtsschock haben. Wie immer bei einer Schockreaktion zieht sich auch bei der Geburt die Seele wieder zurück. Da nun aber die Seele noch gar nicht im Körper angekommen ist, verhindert der Schock, dass sich die Seele ganz mit dem Körper verbindet. Der Schock kann für Jahre im Körper gespeichert bleiben. Unser Körper ist wie ein Computer, in dem keine Information verloren geht. Deswegen sind viele Kinder nicht ausreichend geerdet. Ich möchte Ihnen eine wunderbare Übung mit auf den Weg geben, mit der Sie nicht nur einem Schreibaby, sondern allen Kindern helfen können, sich im eigenen Körper wohl zu fühlen und eine gute Erdung zu entwickeln.

Übung »Erdung über die Füße«

Halten Sie Ihrem Kind die Füße so, dass in Ihrer linken Hand der rechte Fuß des Kindes liegt und in Ihrer rechten Hand der linke Fuß. Umschließen Sie mit Ihren Händen beide Fersen inklusive Achillessehnen des Kindes. Am einfachsten ist es, wenn das Kind auf dem Rücken liegt. Auf der Achillessehne befindet sich der sogenannte Geburtspunkt, der gleichzeitig der energetische Punkt des Vertrauens ist. Wenn Sie diesen Punkt liebevoll festhalten, können sich Geburtsblockaden lösen, und das Kind erfährt ein starkes Gefühl der Sicherheit. Halten Sie die Füße für mindestens zehn Minuten fest. Dabei stellen Sie sich vor, Sie würden die Energie des Kindes vom Kopf in die Füße ziehen. Ohne dass Sie dabei an den Füßen ziehen! Die Vorstellung genügt, sodass Sie Ihrem Kind energetisch helfen können.

Neugeborenen hilft diese Übung, den Weg in den Körper zu finden. Ich rate deswegen allen Eltern, dem Kind gleich nach der Geburt auf diese Weise die Füße zu halten. So kann man das Kind liebevoll beim Ankommen unterstützen. Am stärksten wirkt es, wenn der Vater seinem Kind die Füße hält, denn die Mutter war während der Schwangerschaft und unter der Geburt großen energetischen Veränderungen ausgesetzt. Zudem haben Männer grundsätzlich eine bessere Erdung als Frauen, sodass auch aus diesem Grund der Effekt größer ist, wenn der Vater die Übung macht. Alle Hebammen sollten diese Übung kennen und den werdenden Eltern vermitteln. Dies würde die Zeit des Wochenbetts für Mutter und Kind wesentlich vereinfachen. Ich rate allen frischgebackenen Vätern, auch ihren Frauen nach der Geburt die Füße zu halten. Die Übung ist nicht nur für Kinder geeignet. Sie hilft ebenfalls, eine allfällige Geburtsblockade der Frau zu lösen. Gerade wenn es um Hilfe für ein Schreibaby geht, lohnt es sich immer, der Mutter energetisch zu helfen. Kommt eine Mutter mit einem Schreibaby zu mir, bekommt nicht nur das Kind, sondern auch die Mutter eine Behandlung. Nur so kann man den negativen Kreislauf durchbrechen.

Dies ist die Grundübung, die ich allen Eltern zeige, die bei mir in die Familienbalance-Therapie kommen. Die Übung kann nämlich Wunder bewirken! Weil eine gute Erdung so zentral ist für ein gesundes und ausgeglichenes Leben, kann die Übung bei allen Problemen eingesetzt werden, denen Kinder (oder Erwachsene) ausgesetzt sein können. Sie bewirkt eine emotionale

Ausgeglichenheit und stärkt das Nervensystem. Deswegen ist sie auch sehr hilfreich bei Schlafstörungen und Krankheiten. Wenn man jemandem auf diese Art die Füße hält, stärkt man ihn. Sie können dabei nichts falsch machen.

Von der Symbiose zur Eigenständigkeit von Mutter und Kind

Während der Schwangerschaft verändert sich das Energiefeld der Mutter. Ihre persönliche Energie wird durchlässiger und feiner. Es sieht aus wie ein inneres Leuchten. Gleichzeitig baut sich um den Körper der Mutter herum ein Schutzfeld auf, das Mutter und Kind auf seelischer und körperlicher Ebene schützt. Diese Veränderung tritt unmittelbar nach der Zeugung auf, deswegen kann ich sehr häufig sehen, dass eine Frau schwanger ist, noch bevor sie es selbst weiß. Alle energetischen Erklärungen, die ich Ihnen in diesem Buch gebe, beruhen auf meiner eigenen Wahrnehmung. Ich stelle keinen allgemeinen Gültigkeitsanspruch an diese Ausführungen. Ich möchte meine Leserinnen und Leser an meinen Erfahrungen teilhaben lassen, wohl wissend dass mediale Wahrnehmungen nicht immer wissenschaftlich überprüft werden können. Die Empirie meiner Berichte ist nicht normativ, aber sie gründet auf jahrelanger Erfahrung. Ich beschreibe meinen Lesern, wie ich die Welt sehe, und leite daraus Hilfestellungen ab, die bis jetzt zum Glück vielen Familien helfen konnten. Ich weise an dieser Stelle darauf hin, weil Sie vielleicht schon andere Erklärungen zu den energetischen Veränderungen während Schwangerschaft und Geburt gehört haben.

In meiner Wahrnehmung ist es so, dass dieses Schutzfeld zwischen Mutter und Kind umso stärker ist, je besser es der Mutter während der Schwangerschaft geht. Die Mutter kann das Kraftfeld verstärken, in dem sie versucht, ganz präsent in ihrem eigenen Körper zu sein. Je mehr die Mutter um eine gute Erdung bemüht ist, umso besser ist das Kind während der Schwangerschaft geschützt. Die ideale Voraussetzung für die Geburt wäre es ebenfalls, wenn die Mutter trotz Wehenschmerz versucht, mit ihrer Aufmerksamkeit fest im Körper verankert zu bleiben. Ansonsten verlässt die Seele der Mutter unter der Geburt den eigenen Körper, das ist der gleiche Mechanismus wie oben beschrieben, und dann hat es das Kind noch schwerer, selbst den Weg in den Körper zu finden. Ist die Mutter hingegen präsent und in sich ruhend, kann sie dem Kind bei der Erdung helfen. Es ist mir klar, dass dies den wenigsten Frauen gelingt. Umso wichtiger ist es, dass die Mutter nach der Geburt aktiv an der eigenen Erdung arbeitet. Dies gelingt am effizientesten über die Atmung.

Übung »In die Füße atmen«

Stellen Sie sich vor, Sie atmen durch Ihre Fußsohlen ein. Lassen Sie den Atem den Körper hindurch bis zur Lunge aufsteigen und atmen Sie wieder durch die Fußsohlen aus. Wiederholen Sie dies mehrere Atemzüge lang, bis sich ein ruhiges Körpergefühl einstellt.

Diese Übung beruhigt das Nervensystem, lenkt die Aufmerksamkeit auf den Körper und hat eine gute Erdung zur Folge. Das Schöne an der Übung ist, dass man sie jederzeit und überall einsetzen kann. Auch unabhängig vom Thema Geburt. Es ist eine einfache Wohlfühlübung. Durch das bewusste Atmen ist man automatisch präsenter im aktuellen Moment.

Sie hilft sogar dabei, ein schreiendes Baby zu beruhigen. Machen Sie die Übung, wenn Sie Ihr schreiendes Kind im Arm halten. Sie können dazu sitzen, stehen und sogar im Zimmer herumlaufen. Auch der Vater kann auf diese Weise atmen, wann immer er das Baby beruhigen will. Dadurch, dass im Körper der

Eltern das gewünschte Gefühl eintritt, überträgt sich der Effekt aufs Baby. So spürt das Baby am Körper der Eltern, wie sich eine gute Erdung anfühlt, und kann sich dadurch besser beruhigen.

Wenn Sie als Eltern tief atmen, obwohl Ihr Baby heftig schreit, hat das auch einen psychologischen Effekt. Sie atmen den Ärger und die Verunsicherung aus. Und Sie vermitteln Ihrem Baby folgendes Gefühl: »Ich bin für dich da. Ich bin ganz in meiner Kraft und bleibe ruhig, egal was du gerade fühlst.« So können Sie Ihrem Baby mehr Sicherheit vermitteln. Sie können ihm auch laut sagen: »Du darfst schreien, und ich höre dir zu.« Oft hilft es, wenn man gar nicht versucht, das Baby zu beruhigen, sondern ihm einfach die Möglichkeit gibt, in liebevoller Begleitung alles herauszuschreien.

Die Geburt als Trauma für das Kind

Schreien kann Ausdruck eines erlebten Traumas sein. Das Baby verbrachte neun Monate in inniger Verbundenheit mit der Mutter und wurde dann durch die Geburt von der Mutter getrennt. Es gibt Kinder, die verarbeiten einen Kaiserschnitt problemlos, während andere Kinder bei einer Spontangeburt im Geburtshaus hochgradig traumatisiert werden. Das Geburtserlebnis ist für Kind und Mutter nicht gleich. Man kann nicht davon ausgehen, dass ein Kind nach einer objektiv betrachtet leichten Geburt keinen Schock hat. Jedes Kind hat seine eigenen Empfindungen.

Ein Schock sitzt immer im Solarplexus. Unter dem Schockerlebnis zieht sich der Solarplexus krampfartig zusammen. In der Behandlung erkenne ich einen Schock daran, dass im Solarplexus die Energie nicht mehr fließen kann. Das Chakra fühlt sich an wie ein Stein, oder ich bekomme das Bild einer geschlossenen Lotusblüte oder einer verschlossenen Tür. Ich spüre den Druck, der sich durch die blockierte Energie im Bauch ergibt. Gleichzeitig verkrampfen sich auch die Nerven im Bauchraum. Hat ein Baby einen Geburtsschock erlitten, ist die Wahrscheinlichkeit höher, dass es später an Bauchschmerzen leiden wird, weil sich die emotionale Verkrampfung im Bauch nicht von selbst löst. Im Gegenteil, aus der emotionalen Verkrampfung können physische Schmerzen resultieren. Diese Bauchschmerzen sind für das Baby sehr schmerzhaft, selbst wenn die Verdauung davon nicht betroffen ist. Nicht alle Bauchschmerzen sind reine Koliken mit organischen Ursachen. Manchmal ist es der Schock, der schmerzt. Gerade wenn nicht nur die inneren Auraschichten betroffen sind, sondern die Blockade bis in den Astralkörper reicht, ist das für das Baby sehr unangenehm. Manchmal fühlt sich der Schock wie ein brennendes Feuer an. Wenn man den Schock löst, hat das Kind weniger Schmerzen.

Der Schock verweist darauf, dass die Geburt für das Kind traumatisch war. Dieses Erleben ist unabhängig von den medizinischen Werten. Auch Babys, die ohne Hilfsmittel zur Welt gekommen sind und nach der Geburt eine gute Anpassung hatten, können emotional überfordert sein. Sie wurden durch die Geburt aus ihrer vertrauten Umgebung gerissen und müssen sich an komplett neue Lebensbedingungen gewöhnen. Die neuen körperlichen Erfahrungen sind anfangs für viele Kinder schwierig. Hinzu kommt noch, dass sie nicht mehr in der symbiotischen Nähe zur Mutter aufgehoben sind. Sie müssen ab sofort einen Teil der Verantwortung für ihr Leben selbst wahrnehmen. Sie müssen mitteilen, wenn sie Hunger haben oder müde sind. Sie sind jetzt ein eigenständiger Mensch. Sich daran zu gewöhnen, fällt nicht allen Neugeborenen leicht.

Die Botschaft des Kindes

Schreit das Kind wegen Schockschmerzen, sagt es damit: »Es war schlimm für mich!«

Geben Sie Ihrem Baby viel Körperkontakt, damit es sich körperlich und emotional entspannen kann. Die Farbe Orange hilft, Schocks zu lösen. Also ziehen Sie Ihrem Baby orange Bodys an oder wickeln es in eine orange Decke ein. Alle sanften Körpertherapien wie zum Beispiel Cranio-Sacral-Therapie, Baby-Shiatsu oder Shonishin, eine nadellose Kinderakupunktur aus Japan, können helfen, den Schock zu lösen. Wenn Ihr Baby ein Geburtsschock hat, heißt das nicht, dass ihm das Leben grundsätzlich nicht gefällt. Es ist einfach im ersten Moment so sehr erschrocken, dass sich die Verkrampfung im Körper gespeichert hat. Löst sich diese auf, entdeckt das Baby sofort, wie schön das Leben sein kann!

Die Geburt als Trauma für die Mutter

Eine Geburt gehört zu den extremsten Grenzerfahrungen, die eine Frau machen kann. Auch mit aller Vorbereitung kann man nicht wissen, was unter der Geburt passieren wird und wie die Frau darauf reagiert. Man kann nicht voraussehen, wie sich eine Frau während und nach der Geburt fühlen wird. Ganz zu schweigen von der Tatsache, dass das Wochenbett für viele Frauen schwerer ist, als sie je gedacht hätten. Es ist nicht so, dass das Kind geboren wird, und alles ist gut. Mutter werden ist ein langwieriger Prozess, der einem körperlich und psychisch alles abverlangt. Gerade wenn die Geburt nicht so gelaufen ist, wie sich die Frau das während der Schwangerschaft ausgemalt hat, ist nachher die Enttäuschung groß.

Neben der Enttäuschung kann auch die Mutter einen Schock erleiden. Ausgelöst durch die heftigen Schmerzen oder durch die Trennung vom Kind. Es wird ja nicht nur das Kind von der Mutter, sondern auch die Mutter vom Kind getrennt. Beide fallen aus der Symbiose in die Eigenständigkeit zurück. Viele Mütter fühlen nach der Geburt eine innere Leere. Das Körpergefühl wird von der emotionalen Umstellung noch verstärkt. Während der Schwangerschaft sind Mutter und Kind immer näher zusammengewachsen. Diese Innigkeit wird durch die Geburt beendet. Beide müssen erst neue Formen der Nähe entwickeln und sich kennenlernen. Viele Mütter sind schockiert, wenn sie realisieren, dass sie trotz der erlebten Symbiose in der Schwangerschaft ihr Kind erst einmal kennenlernen müssen. Sie wissen am Anfang nicht, was das Kind mag und wann es sich wohl fühlt. Dies kann zu Irritationen bei der Mutter führen.

Auch wenn die meisten Frauen erleichtert sind, dass ihr Körper nach der Geburt wieder ganz ihnen gehört, müssen sie sich doch erst wieder daran gewöhnen. Sie müssen ihren Körper zurückerobern, um sich darin wohl zu fühlen, und die Veränderungen, die durch die Schwangerschaft entstanden sind, akzeptieren.

Gerade beim ersten Kind braucht es Zeit, bis sich die Frau in der neuen Rolle als Mutter zurechtfindet. Ich kann Ihnen eine gute Übung mitgeben, die Sie machen können, wenn Sie entweder ein Schreibaby haben oder selbst nach der Geburt überfordert sind.

Übung »Die Geburtsgeschichte neu erzählen«

Nehmen Sie sich einen Moment Zeit für sich. Sorgen Sie dafür, dass Sie nicht gestört werden. Und dann schreiben Sie Ihr Erlebnis der Geburt auf. Aber: als Erfolgsgeschichte. Was sich auch unter der Geburt ereignet hat, am Schluss Ihres Textes steht ein Happy End. Sie und Ihr Kind haben die Geburt überlebt und können in ein gemeinsames Leben starten. Deswegen ist es eine gute Geschichte. Finden Sie die verborgene Kraft in Ihrer Geburtsgeschichte, die Sie mit Ihrem Baby erlebt haben. Wenn Sie die Geschichte aufgeschrieben haben, lesen Sie Ihrem Baby daraus vor.

Es macht nichts, dass Ihr Baby kognitiv nicht erfassen kann, was Sie ihm da erzählen. Dadurch, dass Sie ihm die Geschichte auf diese Weise erzählen, löst sich die Blockade in Ihrem Gefühl, und das hat eine positive Wirkung auf Ihr Baby. Und es hilft, die Geburt abzuschließen. Sie ist vorbei. Alles, was Sie beide während der Geburt erlebt haben, ist nun überstanden. Sie müssen beide nicht in den negativen Gefühlen verharren. Sie dürfen weitergehen und neue, schöne gemeinsame Erlebnisse haben.

Ich habe am Anfang des Kapitels gesagt, dass ein Schreibaby voller Sehnsucht nach der geistigen Welt ist. Diese Sehnsucht kann sich auch spezifisch auf eine andere Seele beziehen, die in der geistigen Welt verblieben ist.

Sehnsucht nach dem verlorenen Zwilling

Babys, die während der Schwangerschaft von ihrem Zwilling getrennt wurden, müssen diesen Verlust nach der Geburt verarbeiten. Den Schmerz, den sie dabei empfinden, drücken sie über das Schreien aus. Es ist, als ob sie nach ihrem Zwilling rufen. Wenn Babys schreien, machen sie normalerweise die Erfahrung, dass jemand kommt. Der Vater, die Mutter, vielleicht eine Nanny, auf jeden Fall kommt ein lieber Mensch und kümmert sich um sie. Doch gleichgültig wie laut oder wie lange sie schreien, der Zwilling kommt nie zurück.

Ich habe Babys erlebt, die ganz verzweifelt waren und sich »die Seele aus dem Leib geschrien« haben, weil sie ihren Zwilling so vermisst haben. Als sie noch im Mutterbauch waren, entschwand der Zwilling einfach aus ihrem Leben, und sie konnten nichts dagegen tun. Nach der Geburt erleben sie eine Wiederholung dieses Gefühls. Sie schreien und schreien und doch nützt es nichts. Der Zwilling kommt nicht zurück. Ganz allein müssen sie mit dem Leben und allen Herausforderungen, die es an sie stellt, klarkommen.

Ich beschreibe das bewusst sehr emotional, weil die Kinder das so erleben. Die Seele des Kindes hat dem Leben zugestimmt unter der Voraussetzung, dass sie das Leben mit dem Zwilling teilen kann. Und genau das hat sich nun nicht erfüllt. Das Kind erlebt ein Leben unter anderen Voraussetzungen als geplant und ist deswegen verunsichert. So lange das Kind im Bauch der Mutter weilt, ist dieser Schmerz weniger groß. Er ist wohl vorhanden, doch die Geborgenheit im Uterus wirkt beruhigend und stützend. Aus der Forschung weiß man heute, dass Kinder schon im Mutterleib emotional prägende Erfahrungen machen.

Kinder, die ihren Zwilling verloren haben, erleben durch die Geburt bereits die zweite Trennung, nämlich die Trennung von der Mutter. Dadurch werden sie retraumatisiert. Sie müssen in den ersten Lebenswochen nicht nur die Geburt verarbeiten, sondern ebenfalls den Verlust des Zwillings. Da ist sehr viel Schmerz, der sich über das Schreien ausdrückt.

Viele verlassene Zwillinge, wenn wir so sagen wollen, können als Baby nicht allein sein. Dann höre ich von den Eltern, dass die Kinder weinen, sobald man sie nicht mehr in den Armen hält. Die Eltern können sich keinen Schritt vom Kind wegbewegen, ohne dass es anfängt zu schreien. Die Kinder haben die Erfahrung gemacht, dass man sie wie aus dem Nichts einfach allein lässt. Nun müssen sie erst Vertrauen in die Eltern aufbauen und tausend Mal die Erfahrung machen, dass die Eltern wiederkommen werden. Erst dann können sie langsam lernen, allein zu bleiben.

Immer wieder erzählen mir Eltern von Schreibabys, dass es für sie ganz schwierig ist auszuhalten, dass das Kind schreit, obwohl sie alles versuchen, um es zu beruhigen. Die Eltern fühlen sich in solchen Momenten nicht kompetent in ihrer Elternrolle und haben Angst, etwas falsch zu machen. Das führt zu Frust aufseiten der Eltern. Ich versuche, die Eltern in dem Punkt zu entlasten. Sie machen keinen Fehler, das Problem liegt nicht in der Eltern-Kind-Beziehung. Leider kann es deswegen aber auch nicht durch die elterliche Zuwendung gelöst werden.

Hat ein Kind während der Schwangerschaft seinen Zwilling verloren, genügt die Liebe der Eltern nicht. Und zwar nicht, weil die Eltern das Kind zu wenig lieben, sondern weil das Kind sich nach einer anderen Liebe sehnt. Diese Sehnsucht können die Eltern mit all ihrer Aufmerksamkeit nicht stillen.

Die Botschaft des Kindes

Ein Baby, das seinen Zwilling schmerzlich vermisst und deswegen zum Schreibaby wird, will mit seinem Schreien sagen: »Ich vermisse dich.« Oder auch: »Ich bin so traurig, dass du nicht da bist. Wo bist du? Bitte komm zu mir zurück.«

Dieser Schmerz ist eigentlich zu groß für einen so kleinen Menschen. Aber man kann ihn lindern.

Wenn ich ein Schreibaby, das unter Sehnsucht leidet, energetisch behandle, dann sehe ich im Herzchakra eine starke Verbindung in die geistige Welt. Diese Kinder fühlen sich wie durch einen Magnet von der geistigen Welt angezogen. Sie versuchen krampfhaft, auf diese Weise mit dem Zwilling energetisch verbunden zu bleiben. Leider ist das der falsche Weg – ihre eigene Blockade verstärkt sich dadurch nur. Die Babys dürfen emotional mit dem Zwilling verbunden bleiben, aber die Chakren müssen frei werden. Wenn ich die Energie im Herzchakra ausgleiche, wenden sich die Kinder innerlich mehr dem Leben zu. Ihre Aufmerksamkeit richtet sich jetzt auf ihre Umwelt. Nach kurzer Zeit bemerken die Eltern zu Hause, dass die Kinder interessierter an allem teilnehmen. Zuvor waren sie völlig absorbiert von ihrem Schmerz und ihrer Sehnsucht. Löst sich der Schmerz im Herzchakra, können sie sich besser auf die irdische Welt einlassen.

Die Eltern selbst können leider nicht viel gegen den Schmerz des Babys machen. Das Einzige, was hilft, ist, dem verstorbenen Zwilling einen Platz im eigenen Herzen zu geben. Das Baby spürt dann die Liebe seiner Eltern für den Zwilling, und das hat eine beruhigende Wirkung. Wenn die Eltern vom Zwilling wissen und damit die Realität des Babys teilen, fühlt sich das Baby weniger allein.

Um dieses Gefühl noch zu verstärken, können Sie ein Ritual machen wie oben beschrieben. Wenn Ihr Kind ein Schreibaby ist, rate ich Ihnen, dass Sie sich in Ihrer Umgebung eine Therapeutin suchen, die energetisch mit Babys arbeitet. Auch sanfte Therapiemethoden wie Cranio-Sacral-Therapie oder Kinesiologie können Schreibabys helfen. Zumal es noch viele weitere Ursachen gibt, weswegen ein Baby mehrere Stunden am Tag schreit.

Man sollte trotzdem eines bedenken: Wenn ein Baby abends lange schreit, verarbeitet es damit auch die Erlebnisse des Tages. Das Baby braucht ein Ventil, um seine Eindrücke auszudrücken. Schreien ist seine einzige Möglichkeit. Deswegen bedeutet schreien auch nicht in jeder Situation, dass das Kind leidet. Manchmal sagt es mit seinem Schreien: »Es war mir heute zu viel.« Oder: »Ich finde es doof, wenn ich Auto fahren muss.« Geben Sie Ihrem Baby die Möglichkeit, sich mitzuteilen. Wenn Sie dabei ruhig bleiben, findet auch das Baby schneller zur inneren Ruhe zurück.

Warum schlafen so schwierig sein kann

Das Reizthema Nummer eins in vielen Familien ist das Schlafverhalten der Kinder. Einschlafen ist nicht einfach. Trotz aller gut gemeinter Tipps kann nicht jedes Kind schlafen lernen – weil einschlafen nicht antrainiert werden kann.

Häufiges Aufwachen ist normal

Es wird viel Zeit und Mühe investiert, die Kinder zum Schlafen zu bringen. Man liest den Kindern liebevoll eine Gute-Nacht-Geschichte vor oder singt gemeinsam ein schönes Schlaflied. Nicht selten legen sich die Eltern zu den Kindern ins Bett, damit sie sich behütet fühlen und aus dieser Sicherheit heraus vermeintlich schneller einschlafen können.

Dabei gibt es selten ein Thema, über das so viele falsche Vorstellungen kursieren, wie wenn es um das kindliche Schlafverhalten geht. Im Säuglings- und Kleinkindalter ist es normal, dass ein Kind ein- bis zweimal pro Nacht aufwacht. In Fachkreisen spricht man von Durchschlafen, wenn ein Baby oder Kleinkind von Mitternacht bis fünf Uhr morgens schläft. Viele Eltern stellen sich aber vor, das Kind könnte von acht Uhr abends bis sieben Uhr morgens schlafen, und haben aus dieser Überlegung heraus unrealistische Forderungen an ihr Kind. Christine Rankl schreibt: »Überspitzt gesagt, wird Schlafen also dann zum Problem, wenn die Erwartungen der Eltern nicht erfüllt werden.«[7] Sie nennt das in ihrem Buch *Endlich durchschlafen* einen »Schlafinteressenkonflikt«[8]. Dabei sollte man wissen, dass es sowohl für Erwachsene als auch für Kleinkinder normal ist, bis zu neunmal pro Nacht kurz aufzuwachen. Meistens bemerkt man selbst diese wachen Momente nicht. Man dreht sich um und schläft weiter. Kleinkindern gelingt es nicht immer, selbstständig wieder in den Schlaf zu finden. Sie machen sich bemerkbar, je nach Alter durch Schreien oder gezieltes Rufen nach den Eltern. Für die Eltern kann diese Situation zur Tortur werden. Der Schlafmangel führt zu einer dauernden Erschöpfung. Die Kinder stecken die unruhigen Nächte grundsätzlich besser weg als die Eltern, die auf eine Erholungsphase angewiesen sind. Damit die Kinder dieses normale Aufwachen während der Nacht selbst bewältigen können, ist es ratsam, dass sie grundsätzlich lernen, selbst einzuschlafen.

Wenn Ihr Kind mehrmals pro Nacht Ihre Aufmerksamkeit einfordert, obwohl es von seinem Alter her wieder allein einschlafen könnte, und Sie keine Tendenz zur Verbesserung feststellen, verbirgt sich hinter der Schlafproblematik möglicherweise ein tiefer liegendes Problem.

Wie der Tod in der Familie den Schlaf beeinträchtigt

Es gibt bestimmt nichts Tragischeres für Eltern, als wenn sie ihr eigenes Kind begraben müssen. Die Schwere dieses Verlusts können nur diejenigen erfassen, die es selbst erlebt haben. Aus meiner Praxis kenne ich hauptsächlich Familien, deren Babys gestorben sind, und aus diesen Kontakten weiß ich, dass die Trauer um das Kind Einfluss auf den Schlaf der Geschwister haben kann. Ich kann mir gut vorstellen, dass Kinder, die nach Jahren des gemeinsamen Aufwachsens einen Bruder oder eine

Schwester verlieren, ebenfalls Schlafstörungen entwickeln. Dann ist die Thematik noch weitaus komplexer. Hier geht es mir darum zu zeigen, dass Kinder Mühe haben mit dem Schlafen, wenn die Eltern negative Erfahrungen mit dem Thema Tod gemacht haben.

Insbesondere wenn das erste Kind der Familie als Baby stirbt, ist die Wahrscheinlichkeit groß, dass die später geborenen Kinder nicht gut schlafen können. Die Eltern mussten viel zu früh ein Kind loslassen, in der Folge davon möchten sie den lebenden Kindern so viel Aufmerksamkeit wie möglich schenken. Mit Argusaugen wachen sie über das Wohl der Kinder, die es unter dieser dauernden Beobachtung nicht einfach haben, sich dem Schlaf zu ergeben. Schlafen hat viel mit Loslassen zu tun. Wenn nun das Thema Loslassen in der Familie aber so negativ besetzt ist, wird es schwierig, das zu lernen. Nach einem Kindstod ist folgende Überzeugung ins Familiennetz eingewoben: »Loslassen tut weh.« Also ist es besser, nicht loszulassen und alles unter Kontrolle zu haben. Wenn jetzt die Eltern – ob bewusst oder unbewusst – nach diesem Grundsatz leben, ist es für die Kinder schwierig, ein normales Schlafverhalten zu entwickeln.

Dies ist ebenso der Fall, wenn sich die Eltern frühzeitig von lieben Menschen aus ihrer Verwandtschaft oder ihrem Freundeskreis verabschieden mussten, wie bei meinem Klienten Joshua:

Joshua (zwei Jahre) wacht nachts fast stündlich auf. Seine Eltern sind nahe einer Erschöpfungsdepression, weil sie so lange Zeit nie mehrere Stunden am Stück schlafen konnten. Sein Papa hat den eigenen Vater durch einen Verkehrsunfall verloren, als er sieben Jahre alt war. Er hat eine gute Beziehung zu seiner Mutter und dem Stiefvater, und doch vermisst er seinen Vater noch heute jeden Tag. Joshua war ein Wunschkind, seine Eltern haben fast drei Jahre auf ihn gewartet. Im vierten Schwangerschaftsmonat hat sich ein weiterer Todes-

fall in der Familie ereignet: Mamas Tante, zu der sie ein sehr nahes Verhältnis hatte, ist gestorben. Die Tante hatte seit längerem eine Krebserkrankung, trotzdem kam der Tod unerwartet, und Joshuas Mama konnte sich nicht mehr persönlich verabschieden, da sie zu der Zeit für eine Weiterbildung in Österreich war. Das hat sie sehr belastet.

Als die Familie zu mir in die Praxis kam, hat es mich überhaupt nicht gewundert, dass Joshua so häufig aufwacht. In der Familiengeschichte ist der Tod mehrfach negativ präsent.

Besonders wenn während der Schwangerschaft jemand aus der Familie oder dem engen Freundeskreis stirbt, hat das negative Auswirkungen auf das Schlafverhalten des Babys. Am stärksten ausgeprägt ist es, wenn die Mutter sehr unter dem Abschied leidet. Ihr Schock und ihre Trauer sind in ihrem Körper gespeichert, und das Kind spürt die Gefühle der Mutter eins zu eins mit. Es kommt zu einer energetischen Verwirrung: Das Kind strebt mit seiner ganzen Energie dem Leben zu, gleichzeitig spürt es die Präsenz des Todes in der Familie. Wenn jemand stirbt, verändert sich die Energie im Familiennetz, obwohl die Verbindung zum Verstorbenen nicht abreißt. Das System wird kurzfristig erschüttert. Diese Erschütterung wirkt auf das Kind, das nicht mehr weiß, ob es sich nun zur irdischen Welt oder zur geistigen Welt hingezogen fühlen soll. Wenn der Tod in einer Familie eintritt, ist die geistige Welt immer sehr präsent. In der vorgeburtlichen Zeit kann das bei Kindern ein energetisches Chaos verursachen und schlussendlich dazu führen, dass sie im Leben zu wenig geerdet sind. Schlafen ist ein Zustand des Bewusstseins, deswegen ist es so wichtig, dass das Bewusstsein klar auf die irdische Welt ausgerichtet ist. Menschen mit schwacher Erdung haben tendenziell einen leichten Schlaf und neigen zu Schlafstörungen verschiedener Art.

Es gibt noch einen anderen Grund, weswegen Kinder schlecht schlafen, wenn die Eltern während ihrer Schwangerschaft um einen lieben Menschen getrauert haben. Die Trauer hat möglicherweise die Vorfreude auf das Kind überschattet. Die Eltern waren emotional so mit ihrem Schmerz und ihrer Hilflosigkeit beschäftigt, dass sie mit ihrer Aufmerksamkeit wenig beim Baby waren. Dann holt sich das Kind nach der Geburt die fehlende Aufmerksamkeit und beansprucht die Eltern auch in der Nacht. Dies erscheint Ihnen bestimmt nachvollziehbar. Kinder dürfen sich die Aufmerksamkeit holen, die sie brauchen. Es kann allerdings auch sein, dass die Kinder gar nicht aufwachen, um ein eigenes Bedürfnis zu stillen, sondern vielmehr um den Eltern zu helfen!

Wenn die Eltern irgendwann in ihrem Leben, auch lange vor der Schwangerschaft des Kindes, durch den Tod einen lieben Menschen verloren haben, versucht das Kind möglicherweise seine Eltern zu trösten. Wie kann es das machen? Indem es die Aufmerksamkeit auf sich lenkt, sodass die Eltern weniger in der Trauer versinken. Je kleiner ein Kind ist, umso weniger Möglichkeiten hat es dafür, es kann hauptsächlich schreien und nicht schlafen.

Haben die Eltern die eigenen Eltern oder wichtige Bezugspersonen früh verloren, ergibt sich noch ein weiterer Mechanismus, der zu kindlichen Schlafstörungen führt. Ich habe diesen Mechanismus hauptsächlich bei Müttern beobachten können. Sie projizieren ihr eigenes Bedürfnis nach Nähe auf das Kind. Ich bekomme dann Sätze zu hören wie »Mein Kind kann nur in meinen Armen einschlafen« oder »Mein Kind fühlt sich im eigenen Zimmer allein gelassen« oder auch »Mein Kind braucht so viel Nähe, dass wir ein Familienbett eingerichtet haben«.

Dazu möchte ich gern etwas Grundsätzliches sagen: Kinder, die in einer liebevollen Familie aufwachsen mit Eltern, die sich ehrlich um das Wohlergehen des Kindes sorgen, bekommen tagsüber so viel Nähe und Zuwendung, dass sie problemlos nachts allein schlafen können. Müssen beide Elternteile fünf Tage die Woche arbeiten oder können die Eltern aus anderen Gründen nur sehr wenig Zeit mit den Kindern verbringen, mag dies anders aussehen. Aber ansonsten bekommen die Kinder am Tag alles, was sie brauchen, meist noch mehr. Bei den oben dargelegten Aussagen läuten bei mir die Alarmglocken, weil sie durchaus auf ein ungestilltes Bedürfnis nach Nähe hinweisen; dieses Bedürfnis hat aber die Mama und nicht das Kind! Vielleicht ist die Partnerschaft nicht mehr so liebevoll, wie zu Beginn, oder wie gesagt, die Mutter hat ein unverarbeitetes Trennungstrauma ihre eigenen Eltern betreffend. Dann wird der Wunsch nach Intimität auf das Kind projiziert. Ganz nach dem Motto: »Ich gebe dir die Nähe, die ich selbst bräuchte.«

Das ist eine emotionale Verschiebung. Die Mutter wurde ja nicht vom Kind getrennt, sondern von der eigenen Mutter oder dem eigenen Vater. Gleichgültig wie nahe sie ihrem Kind sein kann, der ursprüngliche Verlust wird dadurch nicht aufgehoben. In solchen Situationen ist es hilfreich, wenn die Mutter (oder auch der Vater selbstverständlich, je nachdem, wer unter Abschiedsschmerz leidet) sich bewusst macht, dass dieser Schmerz noch nicht verheilt ist und dass er auch nicht durch die Nähe zum Kind geheilt werden kann. Das muss innerlich auseinandergehalten werden. Sonst spürt das Kind die Not seiner Eltern und wacht auf, um ihnen die Möglichkeit eines innigen Moments zu geben.

Die Botschaft des Kindes

Wenn ein Kind Schlafschwierigkeiten entwickelt, weil es in der Familie große Verluste durch Todesfälle gegeben hat, sagt es damit zu seinen Eltern: »Ich bleibe da.« Das Kind möchte unter allen Umständen, dass die Eltern beruhigt sind. Es sagt: »Seht her, mir geht es gut, ich lebe!«

Eine solche Botschaft ist in der Nacht natürlich effektvoller als am Tag! Tagsüber ist allen klar, dass das Kind lebt. Damit die Eltern sich wirklich sicher fühlen, ist es viel effizienter, diese Botschaft in der Nacht zu übermitteln. Am besten, indem man heftig schreit. Schreien gilt schließlich als erstes Lebenszeichen nach der Geburt. Immer wieder habe ich Mütter bei mir in der Praxis, die völlig übermüdet sind, weil ihr Kind nicht schläft. Sie sind verzweifelt und wissen nicht mehr, was sie noch alles probieren sollen, damit das Kind endlich durchschläft oder zumindest mehrere Stunden am Stück schlafen kann. Und dann erzählen sie mir mit glitzernden Augen und einem strahlenden Lächeln: »Wissen Sie, wenn ich ehrlich bin, freue ich mich jedes Mal, wenn mein Kind in der Nacht schreit, dann weiß ich, dass es noch lebt!«

Diese Freude spürt das Kind und wertet sie als positiven Effekt, den es auch in der kommenden Nacht wieder auslösen möchte.

Angst vor plötzlichem Kindstod

Die Angst, das Kind könnte sterben, sitzt auch bei Eltern tief, die keine belastenden Todesfälle erlebt haben. Es ist eine Grundangst, die Eltern aufgrund ihrer Liebe zum Kind entwickeln. Gerade was das Schlafen betrifft, wird diese Angst von medizinischer Seite her noch geschürt, indem alle paar Jahre neue Weisungen herausgegeben werden, in welcher Schlafposition ein Baby schlafen soll, um bestmöglich vor dem plötzlichen Kindstod geschützt zu sein. Meines Wissens ist bis heute nicht restlos geklärt, warum der plötzliche Kindstod eintritt. Allein die Vorstellung davon ist grauenvoll.

Meine Klientin Jana kommt zu mir, weil ihre Tochter (elf Monate) vier- bis fünfmal pro Nacht wach wird. Jana erzählt mir, dass sie vor ihrem inneren Auge immer ein totes Baby im Bett liegen sieht. Diese Vorstellung wird sie einfach nicht los. Während sie mir das erzählt, beginnt ihre kleine Tochter heftig zu weinen. Sie ist das erste Kind, vor ihr gab es keine weiteren Schwangerschaften. Als Jana von ihrem Bild erzählt, verändert sich die Energie im Praxisraum, und alles wird ganz schwer. »Jemand aus deiner Familie hat dieses tote Kind im Bett auch gesehen, oder?«, frage ich. Da fällt Jana ein, dass ihre Großmutter eine Totgeburt hatte. Ich rate ihr daraufhin, der Großmutter einen Brief zu schreiben und darin zu sagen: »Ich sehe dein schweres Schicksal, und ich lasse es bei dir.« Das hat Jana sehr geholfen.

In früheren Generationen waren Totgeburten oder Todesfälle im sehr frühen Kindesalter weitaus verbreiteter als heutzutage. Viele Familien haben deswegen das Thema Kindstod im familiären System gespeichert. Daraus kann sich die Angst nähren, das eigene Kind könnte ebenfalls sterben, auch wenn es keinerlei Anzeichen dafür gibt. Weil Kinder alles mitbekommen, reagieren sie mitunter auch auf eine (grundlose) Angst ihrer Eltern. Auch in dem Falle wachen sie nachts auf und schlagen positiven Alarm: »Hallo, da bin ich, hellwach, voller Lebenskraft und Tatendrang!«

So müssen die Eltern nicht dauernd nachsehen, ob das Kind noch atmet. Sie fragen sich jetzt vielleicht, warum gerade der Schlaf beeinträchtigt wird, wenn sich die Eltern aus welchen Gründen auch immer mit dem Tod befassen.

Seit jeher wird sterben mittels Assoziationen zum Schlaf beschrieben. In Todesanzeigen kann man lesen, dass jemand »friedlich eingeschlafen« ist. Man kondoliert mit dem Wunsch, der Verstorbene möge »in Frieden ruhen«.

Die Nähe von schlafen und sterben geht zurück auf die griechische Mythologie. Thanatos, der Gott des sanften Todes, und sein Bruder Hypnos, der Gott des Schlafes, wohnen dort, wo Tag und Nacht einander begegnen. Während Thanatos ein hartes Herz hat und niemals jemanden freigibt, den er gepackt hat, gilt Hypnos als sanftmütiger Gott, der den Menschen bei ihren Sorgen und Nöten hilft, indem er die Hälfte ihres Lebens besitzt, nämlich die Zeit des Schlafens. Das Reich des Hypnos wird von den Göttinnen »Auszeit«, »Ruhe« und »Vergessenheit« bewacht. Die beiden Götter tauchen in verschiedenen Sagen auf, mal werden sie als Brüder, teils sogar als Zwillingsbrüder beschrieben.

Da in der menschlichen Vorstellung diese beiden Bewusstseinszustände sehr ähnlich sind, verwundert es nicht, dass wir unbewusst die beiden Vorgänge verwechseln können. Viele Menschen stellen sich den Tod als ewigen Schlaf vor. Statt in der nächtlichen Traumwelt befindet sich die Seele in der geistigen Welt und existiert da weiter, während der Körper zu Staub zerfällt. Ist in einer Familie der Tod sehr präsent, lohnt es sich, dass die Eltern schlafen und sterben im eigenen Bewusstsein sehr klar auseinanderhalten.

Übung
»Schlafen und sterben sind unabhängig voneinander«

Ich habe Ihnen bereits die Übung mit der Acht vorgestellt, mit der Sie eine positive Abgrenzung zwischen zwei Personen herstellen können. Die gleiche Übung eignet sich auch, um die unbewusste Verwechslung von sterben und schlafen aufzulösen. Dazu nehmen Sie wiederum ein weißes Blatt Papier ohne Linien. Sie zeichnen eine stehende Acht darauf und schreiben in den unteren Kreis »schlafen« und in den oberen Kreis »sterben«. Dann fahren Sie die Acht mit einem Stift nach und sagen dabei laut: »Schlafen ist schlafen. Sterben ist sterben.«
Sie können die Übung wiederum für zwei Wochen einmal täglich machen und danach die beiden Kreise auseinanderschneiden. Wenn Sie die Übung für sich machen, hat das einen positiven Effekt auf Ihr Kind, ohne dass Sie mit dem Kind darüber reden.

Der Einfluss ungeborener Geschwister auf den kindlichen Schlaf

Ich habe das Thema Tod bewusst ausführlich behandelt, weil das Muster, das ich beschrieben habe, auch entsteht, wenn es in der Familie ein Seelenkind gibt. Weil bei einer Fehlgeburt oder einer Abtreibung ebenfalls jemand stirbt. Dann passiert es unbemerkter und leiser, aber es passiert.

Die Eltern sorgen sich um das Leben des Kindes, woraufhin dieses nicht schlafen kann. Manchmal bemerken die Eltern ihre eigene Sorge nicht einmal, sie wirkt einfach in der Tiefe des Unterbewusstseins. Die Angst, auch dieses Kind könnte verschwinden, schwingt leise mit und wird oftmals erst im therapeutischen Gespräch bewusst. Wird die Angst bewusst und reden die Eltern miteinander darüber, können dadurch die Schlafschwierigkeiten schon etwas gelindert werden.

Nicht nur der Aspekt des Todes zeigt Wirkung auf den kindlichen Schlaf. Die Seelenkinder an sich beeinflussen ihre Geschwister durch ihr Fehlen in der Familie, sodass die Geschwisterkinder nicht schlafen können.

Oliver (vier Jahre) sagt jeden Abend zu seiner Mama: »Weißt du, ich kann nicht schlafen, weil ich so traurig bin, dass das ›Schätzi‹ nicht zu uns kam.« Er sagt dies, seit seine Mutter ein paar Monate zuvor eine Fehlgeburt hatte.

Die wenigsten Kinder können den Grund für ihre Schlaflosigkeit so treffend beschreiben wie Oliver. Die meisten reagieren ganz unbewusst auf die Abwesenheit eines Geschwisterchens, indem sie Schlafstörungen entwickeln.

Wenn Familien zu mir in die Praxis kommen, haben sie bezüglich des Schlafverhaltens ihres Kindes schon alles versucht. Viele haben eine Schlafberatung an der Kinderklinik durchlaufen und die verschiedensten Schlafpositionen, Schlafzeiten, Einschlafrituale etc. ausprobiert. Dennoch wacht ihr Kind nachts mehrfach auf. Was viele Familien nicht wissen: Wenn ein Kind, das älter ist als ein Jahr, über einen Zeitraum von mehreren Monaten stetige Schlafschwierigkeiten hat, die sich mit gängigen Tricks nicht lösen lassen, dann hat es in neun von zehn Fällen eine Fehlgeburt gegeben. So zumindest konnte ich das in meiner Praxistätigkeit eruieren. Dabei muss es nicht sein, dass das Kind so wie Oliver von der Fehlgeburt weiß. Kinder spüren die Anwesenheit eines Seelenkindes ganz unbewusst. So auch Linus:

Linus (drei Jahre) ist ein Einzelkind und kann nicht allein einschlafen. Er verlangt immer, dass seine Mama bei ihm ist. Er sagt jeden Abend: »Mama, komm zu uns ins Zimmer.«
Die Mutter wundert sich über das »uns«. Sie hat nicht gewusst, dass Linus noch einen Zwilling hat. Mir zeigt er sich deutlich in Linus Aurafeld. Als ich ihr das erzähle, ist sie ganz gerührt darüber, dass Linus es bereits gewusst hat. Nachdem sie sich mit dem Zwilling auseinandergesetzt hat, sagt Linus eines Abends: »Mama, ich schlafe heute allein.«
Jetzt, wo die Mutter ihn dank meiner Übersetzung endlich versteht und auch von seinem Bruder weiß, kann er entspannen und ohne Probleme allein einschlafen.

Viele Geschwister können Seelenkinder wahrnehmen, nur fehlt ihnen oft die Möglichkeit, den Eltern von ihren Wahrnehmungen zu erzählen. Entweder weil sie zu klein sind, oder weil sie bloß ein Gefühl dafür haben, dass im gelebten Familienalltag etwas nicht stimmt, ohne dieses Gefühl genau benennen zu können. Dieses Gefühl ist unangenehm und führt zu negativen Verhaltensweisen. Da können die Eltern helfen, indem sie mit den Kindern über die Seelenkinder reden. Erfahren die Kinder von dem verlorenen Geschwisterchen, bringen sie Fühlen und Erleben in Einklang, dann gestaltet sich das Familienleben in ihrem Empfinden als harmonisch. Erzählt man ihnen hingegen nicht, dass noch jemand zur Familie gehört, erleben sie die Familie in einer andauernden Spannung. Der Spannungszustand der Familie hat eine innere Verkrampfung des Kindes zur Folge. In einem Spannungszustand kann man schlecht schlafen. Das kennen alle, die einmal eine Lebensphase mit Stress erlebt haben.

Die meisten Familien wehren sich gegen die Behauptung, ihr Familienleben sei von Spannung geprägt. Es bedeutet auch nicht, dass es der Familie nicht gelingt, liebevoll miteinander umzugehen. Die Spannung kann verstanden werden als ein grundlegendes Gefühl, »dass etwas nicht stimmt«. Für die Eltern ist es schwieriger wahrzunehmen, weil sie die Familie unter objektiven Kriterien betrachten. Die Kinder hingegen spüren die unterschwelligen Schwingungen besser und merken sehr schnell, ob sich die Familie leicht anfühlt oder ob etwas stört. Spüren sie eine Störung, verspannen sie sich innerlich. Die Leerstelle, die das Seelenkind hinterlassen hat, stört das lebende Kind, und macht, dass es sich nicht richtig entspannen kann. Das Gegenteil von Spannung wäre Entspannung.

Und ohne Entspannung kein gesunder Schlaf. Um einzuschlafen, muss ich innerlich loslassen. Das kann ich, wenn ich mich sicher und geborgen fühle. Das kann ich, wenn ich weiß, dass alles in Ordnung ist.

Schlaflos aus Liebe

Neben der fehlenden Entspannung ist die Sehnsucht des Kindes nach dem Seelenkind verantwortlich dafür, dass das Kind nicht schlafen kann. Die Liebe zum verlorenen Geschwisterchen drückt sich aus, indem das Kind Schlafprobleme entwickelt. Am deutlichsten zeigt sich das, wenn das Kind einen verlorenen Zwilling hat.

Michaelas Tochter Andrea wacht die ersten vier Jahre ihres Lebens bis zu achtmal pro Nacht auf. Michaela läuft immer zu ihrem Bettchen und versucht, sie zu beruhigen. Als Andrea größer wird und anfängt zu sprechen, sagt sie des Nachts immer: »Ich bin so allein.«

Michaela wundert sich sehr über diese Aussage, weil sie ihre Tochter doch niemals allein lässt. Sie steht immer am Bettchen, sobald sie gerufen wird. Wenn Andrea gar nicht mehr einschlafen kann, wird sie ins Auto gepackt und eine Weile herumgefahren – das ist oftmals die einzige Möglichkeit, sie zum Schlafen zu bringen.

Zu Beginn der Schwangerschaft hatte der Arzt zwei Herztöne gemessen. Michaela und ihr Mann Paul haben sich nach der ersten Überraschung sehr auf die Zwillinge gefreut. Doch beim ersten Ultraschall ein paar Wochen später konnte man bereits nur noch ein Kind sehen. Niemals hätte Michaela gedacht, dass ihre Tochter ihre Zwillingsschwester so sehr vermisst, dass sie aus lauter Sehnsucht nicht schlafen kann.

Sie können sich die Sehnsucht vorstellen wie ein sehr heftiges Heimweh. Wenn ein Kind auf Klassenfahrt geht und Heimweh bekommt, kann es auch nicht schlafen, zu sehr drückt das Gefühl des Alleinseins aufs Herz. Kinder, die ihre Seelengeschwister vermissen, haben das gleiche Gefühl, nur zehnmal stärker. Beim Einschlafen geht unser Bewusstsein auf eine andere Ebene, darum ist die Sehnsucht gerade dann besonders spürbar. Die innere Nähe zur geistigen Welt verdeutlicht das Verlassenheitsgefühl in der irdischen Welt. Da die Kinder zu klein sind, um davon zu erzählen, und sie diesen Schmerz meist nicht bewusst erleben, drücken sie ihn indirekt aus. Indem sie entweder schlecht einschlafen können oder mehrmals pro Nacht aufwachen, meist beim Übergang von einer Schlafphase zur anderen. Bei diesen Übergängen ist es normal, dass man für einige Sekunden erwacht, doch bei einem ausgeglichenen Schlafverhalten kann man sogleich weiterschlafen, meist ohne dass man selbst realisiert, dass man kurz wach geworden ist. Kinder mit Schlafstörungen können das nicht, sie sind dann gleich hellwach und müssen den ganzen Prozess des Loslassens von neuem durchlaufen. Doch genau das ist so schwierig, wenn in genau dem Augenblick auch die Sehnsucht auftaucht. Beim Übergang vom Wach- zum Schlafzustand ist es möglich, dass man verstärkte Wahrnehmungen hat, weil sich das Bewusstsein auf eine neue Ebene begibt. Viele Menschen haben deswegen kurz vor dem Einschlafen mediale Eingebungen. Kindern ergeht es genau gleich. Unter Umständen können sie beim Übergang in den Schlaf ihre Seelengeschwister ganz deutlich sehen und deswegen verstärkt sich ihr Schmerz.

Die Botschaft des Kindes

> Kinder, die aus lauter Sehnsucht nicht schlafen können, sagen innerlich zu ihrem Zwilling: »Weil du nicht bei mir bist, kann ich nicht loslassen.«

Eltern spüren, wenn ihre Kinder nachts nicht allein sein möchten. Es kann gut sein, dass ein Kind tatsächlich die Nähe zu seinen Eltern braucht. Vielleicht hatte es einen aufregenden Tag, oder es wird krank. Möglicherweise wirkt auch die Geburt noch nach, und das Baby ist gestresst. Das sind alles mögliche Gründe dafür, weswegen ein Kind nachts viel Nähe braucht. Aber es gibt noch einen weiteren Grund, der vielen unbekannt ist. Kinder fühlen sich allein, weil jemand nicht bei ihnen ist. Das Kind kann nicht schlafen und sagt damit: »Ich vermisse dich.«

Nicht nur verlorene Zwillinge rauben Kindern den Schlaf. Viele Kinder reagieren mit Schlafschwierigkeiten, weil ein jüngerer Seelenbruder oder eine ältere Seelenschwester fehlen.

Ich habe oben gesagt, dass nach Fehlgeburten das gleiche Muster wie nach Todesfällen wirken kann. Das bedeutet ebenfalls, dass die Kinder den Eltern zuliebe nicht schlafen. Kinder lieben ihre Eltern aus ganzem Herzen. Diese Liebe macht, dass sie sich nichts sehnlicher wünschen, als dass es den Eltern gut geht. Spüren sie Angst oder Verunsicherung bei den Eltern, möchten sie gern helfen. Sie versuchen, für ihre Eltern das totgeborene oder nach der Geburt verstorbene Kind zu ersetzen. Ebenso kann das bei früh verlorenen Kindern passieren. Die Kinder spüren den leergebliebenen Platz und die Unsicherheit der Eltern, selbst wenn die Eltern sich selbst nicht als unsicher bezeichnen würden. Die Kinder hüpfen wie Schachfiguren auf dem energetischen Feld der Familie herum, um jeden Platz mit Leben zu füllen. Das geschieht in liebevoller Absicht, ist aber nicht zum Wohle der Familie. Insbesondere Schlafstörungen stören eben mehr, als dass sie helfen ...

Wenn Sie als Eltern Ihr Familienbild korrigieren und das Seelenkind in Ihre Vorstellung von Familie mit aufnehmen, hilft das Ihrem lebenden Kind, innerlich ruhig zu werden.

Übung »Das Familienbild korrigieren«

Wenn man an seine Familie denkt, hat man automatisch ein inneres Bild. Stellen Sie sich Ihre Familie vor: Ihre Partnerin oder Ihren Partner, Ihre Kinder und sich selbst. Und nun stellen Sie in Gedanken Ihr Seelenkind neben die lebenden Kinder dazu. Lassen Sie dieses Bild auf sich wirken, und beobachten Sie, welche Gefühle das auslöst. Sie können das innere Familienbild auch dadurch korrigieren, dass sie ein neues äußeres Bild kreieren. Nehmen Sie ein Foto Ihrer Familie und malen Sie etwas dazu, was das Seelenkind symbolisiert. Dies kann eine Muschel, eine Blume oder ein Engel sein, was immer Sie möchten. Sie können auch ein Kind malen, so wie Sie sich Ihr Seelenkind vorstellen.

Auch wenn Eltern beim aktuellen Verlust eines Kindes in der frühen Schwangerschaft sehr traurig sind, kann es passieren, dass ihnen später nicht bewusst ist, dass dieses Kind zur Familie gehört. Sie meinen, die Geschichte des Kindes sei abgeschlossen, weil sie das Kind verloren haben. Dahinter steckt die Vorstellung, das Kind sei bei der Fehlgeburt aus der Familie gefallen. Gerade so wie die verlorenen Jungs im Kensington Park, die aus dem Kinderwagen gefallen sind. In der Praxis nutze ich immer Holzfiguren und bitte die Eltern, alle Familienmitglieder aufzustellen. In aller Regel stehen dann die Figuren für die lebenden Personen auf dem Tisch. Also bitte ich die Eltern, sich dieses Bild der Familie anzusehen und einfach einmal zu spüren, wie sie sich dabei fühlen. Nach einem stillen Moment der Sammlung stelle ich eine Figur für das Seelenkind dazu. Zuerst müssen sich die Eltern an dieses neue Bild gewöhnen. Es dauert aber meist gar nicht lange, bis sie sagen: »Jetzt ist es stimmiger.« Das neue Familiengefühl beschreiben die Eltern als »rund«, »harmonisch« oder »vollständig«. Sie sind selbst verblüfft über diese Wahrnehmung. Vielleicht wird es Ihnen auch so ergehen.

Wenn ich an meine Seelenkinder denke, sehe ich Emma und ihren Zwillingsbruder immer im Alter von zehn bis zwölf Jahren, wie sie mich verschmitzt anlächeln. Als ob sie gerade auf dem Weg in die Schule wären. Wenn Sie die Meditation gemacht haben, um dem Seelenkind zu begegnen, werden Sie eine innere Vorstellung haben, wie das Kind aussieht. Da gibt es kein Richtig oder Falsch. Mama und Papa dürfen auch verschiedene innere Bilder des Seelenkindes haben. Hauptsache, Sie denken beide an das Seelenkind, wenn Sie von Ihrer Familie sprechen.

Gestörter Schlaf durch Überreizung und mediale Wahrnehmungen

Wird der Schlaf eines Kindes gestört, beeinträchtigt das nicht nur das Wohlbefinden des Kindes, sondern das der ganzen Familie. Schlafschwierigkeiten gehören zu den häufigsten Problemen, mit denen Familien zu mir kommen. Deswegen möchte ich dieses Thema ausführlicher behandeln.

Überreizung

Im Schlaf verarbeiten wir alle Erlebnisse des Tages. Je kleiner ein Kind ist, umso mehr muss es verarbeiten. Am Anfang des Lebens ist der Kinderalltag geprägt von Neuheiten. Das erste Mal zu Besuch bei den Großeltern, das erste Mal in einem Restaurant essen, das erste Mal in der Badeanstalt planschen; es gibt unzählige erste Male, die in das Weltbild des Kindes eingeordnet werden müssen. Um sich in der Welt zurechtzufinden, muss ein Kind eine große kognitive Leistung erbringen. Der Hirnforscher Gerald Hüther[9] führt aus, dass in einem kindlichen Gehirn pro Sekunde 700 neue synaptische Verknüpfungen entstehen. Das sind pro Tag über 60 Millionen neue neuronale Verbindungen. Die gemachten Erfahrungen werden im Gedächtnis als kognitive Strukturen verarbeitet. In der Lernpsychologie spricht man von Schemata, die die Bausteine unseres Bewusstseins sind.[10] Das Kind muss ein Schema für »Vater« entwickeln, das ihm ermöglicht, den Vater als immer gleiche Person, die in immer gleichem Verhältnis zu dem Kind steht, zu erkennen, gleichgültig welchen Pullover er trägt und gleichgültig, ob er den Rasen mäht oder mit dem Kind kuschelt. Auch komplexe Abläufe wie »Mittagessen« muss das Kind erlernen, in seinem Gedächtnis abspeichern und wiedererkennen. Es muss verstehen, dass gleiche Abläufe an verschiedenen Orten trotzdem eine Handlung sind. Wenn tagsüber Teller und Schüsseln mit Essen auf dem Tisch stehen, so ist dies das Mittagessen, ob das Kind zu Hause oder bei der Nachbarin ist. Für ein Baby ist nur schon der Besuch von anderen Menschen mit vielen Eindrücken verbunden. Es hört fremde Stimmen, sieht unbekannte Kleider, riecht ein neues Parfüm und so weiter. Sich die Welt anzueignen, hat mit Aufmerksamkeit zu tun. Das Kind sieht, hört und spürt Signale aus seiner Umwelt und ist so jeden Tag etwas mehr in der Lage, die Welt zu verstehen. Sie sehen, Ihr Kind leistet enorm viel. In den ersten Lebensjahren ist jeder Tag ein einziges Lernprogramm. Die gesammelten Eindrücke des Tages wirken in der Nacht nach. Kinder schlafen oft unruhiger als Erwachsene, sie bewegen sich im Bett oder sprechen im Schlaf. Dies hat viel mit der Verarbeitungsleistung des Gehirns zu tun. Je sensibler ein Kind ist, umso mehr muss es in der Nacht innerpsychisch ausgleichen. Kinder und Babys, die sehr aufmerksam sind und alles ganz genau beobachten, müssen diese Vielfalt an Informationen in der Nacht sortieren.

Deshalb mein Rat: Je kleiner Ihr Kind ist, umso kleiner sollte das tägliche Programm sein. Wichtig ist auch, dass nach einer Phase mit vielen Eindrücken, wie zum Beispiel im Supermarkt einkaufen oder mit anderen Kindern im Sandkasten spielen, wieder eine ruhige Phase kommt, in der das Kind für sich sein kann. Alltägliche Dinge, die wir Erwachsene nebenbei machen, sind für kleine Kinder anstrengend, weil sie neu sind und dadurch für die Kinder eine Lernaufgabe darstellen.

Viele Schlafschwierigkeiten, insbesondere die Mühe einzuschlafen, rühren von zu vielen Eindrücken während des Tages. Ermöglichen Sie Ihrem Kind ruhige Momente, es darf durchaus auch Langeweile aufkommen. Langeweile hat einen wunderbaren Effekt auf unser Gehirn: Die Gedanken können sich ordnen und man findet kreative neue Lösungen. So kann sich das Gehirn einerseits erholen und andererseits von sich aus neue Verschaltungen aktivieren. Wenn man einem Kind keine Langeweile mehr zumutet, sondern pausenlos Unterhaltung anbietet, kommt es leicht zu Überreizung, die einem ruhigen Schlaf im Wege steht.

Bei größeren Kindern kommt noch die bewusste Verarbeitung des Tages hinzu. Die Kinder machen sich Gedanken zu allem, was sie erlebt haben, und haben mitunter viele Fragen, die vor dem Einschlafen auftauchen. Je älter ein Kind wird, umso mehr Zusammenhänge erkennt es. Dies kann aber auch zu Verunsicherungen führen, die liebevoll begleitet werden sollten.

Übung »Den Tag besprechen«

Eine gute Form der Begleitung ist es, wenn Sie mit Ihrem Kind den Tag besprechen, bevor das Kind schlafen soll. Sie erzählen gemeinsam mit dem Kind, was es heute alles erlebt hat, und gehen auf die stärksten Emotionen ein. Hat sich das Kind über etwas besonders gefreut? Gab es Ärger oder Frust? Helfen Sie Ihrem Kind, die Gefühle zu sortieren und den Tag positiv abzuschließen. Sie können gemeinsam mit Ihrem Kind einen guten Wunsch für den kommenden Tag formulieren. Das kann ein Gebet sein, eine Bitte an die gute Fee oder eine Aufforderung an den Schutzengel des Kindes – je nachdem, welche Glaubensgrundsätze Sie weitergeben möchten. Wichtig ist, dass der letzte Gedanke des Kindes in irgendeiner Weise positiv und hoffnungsvoll ist. Dann fällt Einschlafen leichter.

Mediale Wahrnehmungen

Wenn wir schlafen, geht unser Geist in eine höhere Bewusstseinsstufe. Besonders der Übergang vom Wach- zum Schlafzustand wirkt ähnlich einem Tor in andere Dimensionen. In diesem Zwischenzustand kann man mehr wahrnehmen als im reinen Wachzustand, in dem der Verstand sehr aktiv ist. Vielleicht haben Sie auch schon erlebt, dass Ihr Kind überzeugt war, es stünde eine Person in der Zimmerecke. Oder es habe ein Monster unter dem Bett. Dass Kinder Ängste entwickeln, ist normal. Wenn das Kind lernt, zwischen Gut und Böse und zwischen Richtig und Falsch zu unterscheiden, tauchen häufig Ängste auf. Oder wenn das Kind spürt, dass die Eltern ein schwerwiegendes Problem haben. Bert Hellinger hat einmal gesagt, wer nicht schlafen kann, meint, er müsse aufpassen. Das ist eine treffende Beschreibung für alle Schlafprobleme. Man kann auf die anderen aufpassen oder auf sich selbst. Wenn man versucht aufzupassen, ist man automatisch angespannt. Die Sinne sind geschärft, und man kann sich nur schwer dem Schlaf ergeben. Ängste und Sorgen führen zu Schlafproblemen, das kennt wahrscheinlich jeder. Kinder können ihre Sorgen nicht immer formulieren. Dann drücken sich die negativen Gefühle in einem äußeren Bild aus. Die Angst wird zum Monster, das sich unter dem Bett versteckt, aber jeden Moment zuschnappen könnte. In solchen Momenten kann ein Beschützer helfen: ein Plüschtier, das auf das Kind aufpasst, oder ein selbstgezeichneter Ritter, den man an die Zimmertür hängt. Es hilft, wenn Sie Ihrem Kind in solchen Momenten eine Gegenidee zur Angst geben können, mit der das Kind Sicherheit assoziiert. Ihr Kind hat bestimmt selbst eine gute Idee, wer als Beschützer geeignet wäre!

Es gibt Kinder, die sehen etwas in der Zimmerecke, das tatsächlich da ist. Viele Menschen jeglichen Alters können Energien sehen. Ich zum Beispiel sehe nie eine weiße Wand. Für mich gibt es vor jeder Wand farbige Felder, die sich bewegen. Es sind Energien, die ich farbig wahrnehmen kann. Es ist auch möglich, dass man negative Energien sehen kann. Diese zeigen sich eher als dunkle Schatten. Einem Monster unter dem Bett gar nicht unähnlich. Wir leben in einer Zeit, in der auf der ganzen Welt viele problematische Dinge passieren und Menschen unter schwerwiegenden Bedingungen sterben. Diese Seelen sind nach dem Tod auf der Suche nach Licht. Auf dieser Suche fühlen sie sich von Orten angezogen, an denen viel Liebe und Harmonie herrscht. Deswegen haben viele Familien ungebetene »Besucher«. Seelen, die mit einem Aspekt ihres Seins noch in unserer Welt verweilen, um für sich etwas heilen oder lösen zu können. Oder Verstorbene aus dem Familien- oder Freundeskreis möchten eine Botschaft übermitteln. Dann kann es sein, dass Ihr Kind des Nachts jemanden im Zimmer wahrnimmt, der wirklich »da« ist.

Meine Erklärung soll Ihnen keine Angst machen. Das passiert sehr häufig. Solche Besucher sind nicht gefährlich, teilweise aber lästig. Wenn Ihr Kind wiederholt erzählt, dass jemand neben seinem Bett steht, sollten Sie diese Möglichkeit in Betracht ziehen. Meiner Erfahrung nach ist es aber sehr natürlich und auch sehr häufig, dass Menschen Seelen wahrnehmen können. Deswegen möchte ich Ihnen eine einfache Hilfestellung anbieten.

Sollten Ihnen meine Ausführungen in diesem Punkt zu weit gehen, können Sie die folgende Übung auslassen. Für diejenigen Eltern, die sich für spirituelle Themen interessieren, zeige ich, wie man ein Zimmer ausräuchern kann.

In früheren Zeiten ließ man sein Haus einmal im Jahr vom Pfarrer segnen und mit Weihrauch räuchern. Das Ziel dabei war, die bösen Geister aus dem Hause zu verbannen. Ich erkläre es gern ein wenig anders: Wenn Sie ein Zimmer oder auch die ganze Wohnung räuchern möchten, dient das dazu, die Atmosphäre zu reinigen. So wie man regelmäßig den Fußboden schrubbt, lohnt sich eine energetische Reinigung des Heims. Nicht nur weil möglicherweise Seelen anwesend sind, sondern ganz grundsätzlich, um verbrauchte und gestaute Energien wieder ins Fließen zu bringen. All unsere Emotionen und Erlebnisse bleiben in der Energie des Hauses gespeichert. Wenn man räuchert, schafft man eine friedvolle, leichte Atmosphäre. Allein darum empfiehlt es sich, hin und wieder zu den Räucherutensilien zu greifen.

Übung »Das Zimmer ausräuchern«

Um die Energie im Schlafzimmer Ihres Kindes zu reinigen und anwesende Seelen zu verabschieden, können Sie das Zimmer ausräuchern. Dazu brauchen Sie weißen Salbei oder eine Räuchermischung. Ich empfehle Ihnen, keinen Weihrauch zu verwenden. Weihrauch wirkt zwar sehr kraftvoll, kann aber negative Energien stabilisieren, wenn man die Energie im Raum zu wenig erhöht. Falls Sie keine Erfahrung mit Energiearbeit haben, sind Sie mit weißem Salbei auf der sicheren Seite.

Legen Sie eine Räucherkohle in ein feuerfestes Gefäß, geben Sie den Salbei oder die Räuchermischung darauf und zünden Sie die Räucherkohle an. Gehen Sie in Ruhe durch den ganzen Raum.

Die Räucherung sollte von positiven Gedanken begleitet sein und unter voller Konzentration erfolgen. Sie können innerlich folgende oder ähnliche Sätze sagen:

- »Alle negativen Energien in diesem Raum lösen sich auf. Zurück bleibt Harmonie, Licht und Liebe.«
- »Alle verstorbenen Seelen, die sich in diesem Raum aufhalten, mögen jetzt diesen Raum verlassen. Zurück bleibt Harmonie, Licht und Liebe.«
- »Liebe anwesende Seelen, ich bitte euch, diesen Raum zu verlassen. Ich wünsche euch alles Gute auf eurem Weg und Gottes Segen.«

Auch wenn Sie sich nicht mit dem christlichen Glauben identifizieren können, so hilft es doch, wenn Sie eine höhere Macht anrufen, damit der Raum gesegnet wird. Sie dürfen das auf Ihre ganz eigene Art machen, sodass Sie sich dabei wohl fühlen.

Gehen Sie so lange mit positiven Gedanken durch den Raum, bis der Raum von Rauchnebel erfüllt ist. Lassen Sie den Rauch für mindestens dreißig Minuten einziehen. Danach können Sie den Raum gut lüften.

Wenn Sie vermuten, dass Sie Seelen im Haus haben, finden Sie im Buchhandel einschlägige Literatur zu diesem Thema mit weiteren wertvollen Tipps, wie man Räume energetisch reinigen kann. Ich kann hier nicht weiter darauf eingehen. Es ist mir aber wichtig zu zeigen, dass Kinder mit solchen Äußerungen nicht nur Ängste und schon gar nicht irgendwelche Hirngespinste zum Ausdruck bringen. Sie nehmen einfach etwas mehr wahr als die Eltern und brauchen auch auf dieser Ebene liebevolle Unterstützung.

Wenn Ihr Kind Schlafstörungen hat und kleiner als drei Jahre alt ist, so empfiehlt es sich, vor dem Schlafen gehen die Übung »Erdung über die Füße«, wie ich sie im Kapitel »Der emotionale Schmerz von Schreibabys« beschrieben habe, zu machen. Daneben gibt es eine Übung, die Kindern ab drei Jahren hilft, schneller einzuschlafen: die Übung »Lift fahren«. Sie gehört in das Grundrepertoire meiner energetischen Übungen für Kinder.

Übung »Lift fahren«

Leiten Sie Ihr Kind zu folgender Meditation an:
»Schließe deine Augen. Nun stelle dir vor, wie du mit dem Lift aus deinem Kopf hinunter in den Bauch fährst. Im Bauch befindet sich ein wunderschöner Raum. Alles glitzert, es ist warm und gemütlich. Irgendwo im Bauch gibt es ein großes Bett mit vielen weichen Kissen. Darin darfst du dich einkuscheln. Du darfst ganz in deinem Bauch bleiben und hier im Bauch einschlafen. Hier bist du beschützt. Hier bist du entspannt. Alles ist gut.«

Mit dieser Imagination können Sie Ihrem Kind helfen, die Energie aus dem Kopf abzuleiten und die Aufmerksamkeit in den Körper zu lenken. Richtig einschlafen geht so, dass man seine Aufmerksamkeit auf den Körper richtet. Man geht gedanklich nach innen, und diese Innenschau führt dazu, dass der Gedankenfluss zur Ruhe kommt und sich gleichzeitig eine gute Erdung einstellt. So kann man schneller einschlafen und findet in einen ruhigen und tiefen Schlaf. Sie können es auch für sich persönlich ausprobieren. Die Übung ist sehr kraftvoll!

Kinder wandeln sie gern auch ab. Wenn ich die Übung bei einer energetischen Behandlung erkläre, haben mir meine kleinen Klienten auch schon andere Varianten vorgeschlagen. Sie wollten lieber die Treppe nehmen, um in den Bauch zu gelangen, oder wie an einer Feuerwehrstange hinunterrutschen. Es spielt keine Rolle, auf welchem Weg man vom Kopf in den Bauch gelangt, Hauptsache die Aufmerksamkeit richtet sich nach innen. Dann wird der Geist still und klar.

Kinder sind offen für solche Imaginationsübungen, weil sie ihrer Art zu denken entsprechen. Innere Bilder entstehen durch Imagination, das heißt durch Vorstellungskraft. Kinder erzählen mitunter auch von der Imagination eines Seelenkindes.

Imaginäre Freunde

Viele Kinder haben Freunde, die sie sich ausdenken. Ein reines Produkt ihrer kindlichen Fantasie. So zumindest wird das in der Entwicklungspsychologie postuliert. Neuere Forschungen zeigen, dass imaginäre Freunde kein Grund zur Sorge sind, sondern eine spezifische Form zur Bewältigung schwieriger Situationen darstellen.

Imaginäre Freunde als Problembewältigung

Heutzutage gelten Kinder mit einem imaginären Freund als kreativ und kommunikativ versiert. Man attestiert ihnen geistige Reife und die Fähigkeit, ihre Gefühle besonders gut regulieren zu können. Imaginäre Freunde können in Form von Tieren oder Fantasiegestalten auftauchen. Mal sind es riesige feuerspeiende Drachen, die das Kind beschützen, mal kleine Gnome, die man in die Hosentasche stecken kann. Die Freunde nehmen am Alltagsleben des Kindes teil. Die Kinder behandeln die Freunde als eigenständige Wesen mit Gefühlen und einer eigenen Meinung, die man ernst nehmen muss. Auch von der Familie erwarten die Kinder Aufmerksamkeit für ihre Begleiter und teilen deswegen mit, welche Bedürfnisse der Freund hat. »Spuki möchte nicht einkaufen gehen.« Oder: »Papa, da kannst du dich nicht hinsetzen, da sitzt doch Spuki schon.«

Wenn Ihr Kind einen imaginären Freund hat, werden Sie solche Aussagen kennen. Sehr häufig sind die imaginären Freunde gleichaltrige Kinder desselben Geschlechts. Handelt es sich bei den Freunden nicht um Fabelwesen, reicht Fantasie als Erklärung nicht immer aus. Manchmal verbirgt sich noch mehr dahinter.

Das Seelenkind wahrnehmen

Schauen wir uns die Geschichte von Noel an:

Noel (drei Jahre) hat kürzlich eine kleine Schwester bekommen, interessiert sich jedoch nicht sehr für sie. Dafür hat er einen imaginären Freund, den er »dä Bueb« nennt. Dieser Freund ist immer bei ihm und hat einen eigenen Platz am Esstisch. Die Eltern wissen, dass man imaginäre Freunde ernst nehmen sollte. Sie sprechen mit ihm und hören aufmerksam zu, wenn Noel von seinen Abenteuern mit dem Freund erzählt. Geht jemand nicht auf seine Erzahlungen ein oder sagen andere Kinder, dass es diesen Freund gar nicht gibt, weil man ihn ja nicht sehen kann, wird Noel wütend und schlägt um sich.
Zur Vorgeschichte: Bevor Noel zur Welt kam, hatte die Mutter in der neunten Schwangerschaftswoche einen Abort. Seit Noel geboren wurde, hat sie nicht mehr an dieses Kind gedacht. Noel schon, für ihn ist sein Bruder sehr präsent. Er hat versucht, seinen Eltern von ihm zu erzählen. Doch sie haben ihn nicht verstanden. »Dä Bueb« ist tatsächlich da. Noel kann aufgrund seiner hohen Sensitivität seinen Bruder sehen und spüren.

Viele imaginäre Freunde sind in Wirklichkeit Seelenkinder, die von ihren Geschwistern wahrgenommen werden. Mediale Wahrnehmungen sind nicht etwas, was nur einzelne Menschen haben. Sie sind vielmehr die natürliche Form der Wahrnehmung, die wir im Laufe unserer Entwicklung aber buchstäblich verlernen. Bevor der Verstand in unserem Erleben die Überhand gewinnt, ist die intuitive Wahrnehmung entscheidend. Mit fortschreitender kognitiver Entwicklung lernen Kinder, in Kategorien zu denken und zwischen Einbildung und Realität zu unterscheiden. Im Kleinkindalter ist die Trennung zwischen äußerer Realität und innerem Erleben nicht gefestigt, und die Kinder sind noch nicht in der Lage, ihre Denkvorgänge zu reflektieren. Die fehlende Reflexion hat den Vorteil, dass Kleinkinder ihre Gefühle und ihr Erleben nicht hinterfragen. Sie vertrauen darauf, dass alles so ist, wie sie es wahrnehmen. Schade dabei ist, dass wir unseren Kindern genau das abtrainieren, indem wir ihre Wahrnehmungen als Fantasie abtun und sie in ihrem Erleben nicht ernst nehmen. Durch diese Prägungen verlieren Kinder das Vertrauen in ihre Intuition. Im Erwachsenenalter bemühen sich viele Menschen, mehr auf ihren Bauch zu hören, und müssen auf mühevolle Weise eine Fähigkeit wiedererlernen, die sie als Kind spielend beherrschten. Grundsätzlich sind alle Kinder sehr intuitiv und spüren meist mehr als Erwachsene.

Und dann gibt es Kinder mit einer ausgeprägten medialen Wahrnehmungsfähigkeit. Es sind Kinder, die verstorbene Menschen sehen können oder bereits im Voraus wissen, dass die Betreuerin in der Kita heute nicht zur Arbeit kommen wird, weil sie krank ist. Diese Beispiele zeugen von einer Wahrnehmungsfähigkeit, die über die kindliche Intuition hinausgeht. Das ist für die Kinder, aber auch für die Eltern unter Umständen nicht einfach.

Seien Sie als Eltern offen, wenn Ihr Kind mehr spürt und weiß, als Sie sich erklären können. Gerade dann braucht es eine liebevolle Begleitung und keine Unterdrückung dieser Eingebungen! Sie müssen keine Angst haben, der kognitiven Entwicklung Ihres Kindes zu schaden, wenn Sie zulassen, dass Ihr Kind die Welt möglichst lange als einen magischen Ort sieht. Gleichgültig ob

Ihr Kind im »normalen« Rahmen intuitiv ist oder tatsächlich über eine höhere Wahrnehmung verfügt, es wird so oder so alle Schritte machen, die zu einer normalen kognitiven Entwicklung gehören.

Es war mir wichtig, diesen kurzen Exkurs zum Thema Wahrnehmung zu machen, denn viele Kinder nehmen insbesondere ungeborene Seelen ihrer Familie wahr. Sie können die Seelenkinder sehen, spüren oder erahnen. Sie erzählen von diesen Kindern als ihre Begleiter. Imaginäre Freunde tauchen in der Altersspanne von zwei Jahren bis in die Vorpubertät auf. Marjorie Taylor, eine amerikanische Professorin für Entwicklungspsychologie, geht davon aus, dass mindestens 37 Prozent aller Siebenjährigen schon einmal einen imaginären Freund hatten.[11] Wenn wir uns vergegenwärtigen, wie viele Fehlgeburten es gibt, erstaunt diese Zahl nicht. In den meisten Familien gibt es Seelenkinder, und viele Geschwister können sie wahrnehmen. Noel zum Beispiel nimmt einen Jungen wahr, der zu seinem Leben gehört. Doch niemand reagiert darauf. Niemand versteht, dass er sich diesen Jungen nicht ausdenkt, sondern wirklich sehen kann. Es ist für Kinder nicht einfach, wenn sie nicht verstanden werden. Obwohl Noel das Glück hat, dass seine Eltern seinen Freund anerkennen und ihm nicht einreden, er denke sich das nur aus, ist es für ihn doch schwierig, dass die Eltern nur einen Teil der Wahrheit verstehen. In seiner Verzweiflung weiß er nicht, was er tun soll, und schlägt zu.

Wenn der Falsche anwesend ist

Dabei spielt nicht nur der Frust über das Unverständnis seiner Umgebung eine Rolle, sondern auch der Schmerz, mit allen anderen Kindern richtig spielen zu können, während »dä Bueb« zwar sichtbar ist, aber bei keinem Spiel mitmachen kann. Deswegen ist auch Jeanine, seine kleine Schwester, nicht interessant. Sie ist die Falsche. Dieses Phänomen sehe ich sehr häufig. Kinder leiden nicht nur unter dem Verlust eines Geschwisterchens – wobei Verlust auch als Nichtvorhandensein verstanden werden muss, da der Moment des Todes nicht zwingend miterlebt wird –, sie leiden auch unter der Anwesenheit eines lebenden Geschwisterchens. Die Lebenden können die Toten nicht ersetzen. Selbst wenn lebende Geschwister da sind, trösten sie nicht zwingend über ein verlorenes Geschwisterchen hinweg. Kinder können Seelengeschwister vermissen, die vor ihrer eigenen Geburt gezeugt wurden. Und dann wütend sein, dass jemand anders hier sein darf, während gerade diese Seele fehlt.

Noel hat die Angewohnheit, seine Schwester »Jean« zu nennen, wenn er über sie spricht. Er sagt dann »dä Jean« hat das und das gemacht. Für mich eine rührende Anekdote, verdeutlicht sie doch noch einmal, dass für Noel der verstorbene Bruder so wichtig ist, dass er aus seiner kleinen Schwester am liebsten einen Bruder machen würde.

Das Seelenkind sichtbar machen

Aus Liebe zu einem fehlenden Seelenkind das Geschlecht der Schwester ändern zu wollen, kommt eher selten vor. Viel häufiger passiert es, dass Kinder aus lauter Liebe und Solidarität ihr eigenes Geschlecht zu verändern suchen. Sie formulieren offen, dass sie gern das gegenteilige Geschlecht hätten, oder zeigen es im Spiel, so wie Silvan:

Silvan (sieben Jahre) lässt seit längerem seine Haare wachsen. Wenn die Eltern mit ihm zum Friseur gehen, besteht er darauf, dass die Haare nur immer um wenige Zentimeter gekürzt werden. Es ist ihm auch egal, wenn andere Kinder über seine langen Haare lachen. Er fühlt sich wohl damit. Am liebsten macht er mit den Nachbarskindern Rollenspiele und schlüpft dabei vorzugsweise in die Rolle der Prinzessin. Er zieht rosa Kleidchen an und malt sich die Fingernägel farbig an. Zu seinem Leidwesen gibt es keine Röcke für Jungs – am liebsten würde er auch in der Schule Mädchenkleider tragen. Das geht den Eltern zu weit, und so kann er die niedlichen Sachen nur zu Hause anziehen.

Silvans Eltern sind offene, tolerante Menschen, die sich sehr für die spirituelle Dimension des Lebens interessieren. Sie merken, dass es für Silvan wichtig ist, dass er zu Hause seine »Mädchenseite« ausleben darf. Da sie den Hintergrund für dieses Verhalten verstehen möchten, kommen sie zu mir, und wir machen eine Familienaufstellung. Silvan hat mehrere Seelengeschwister, da die Mutter mehrfach eine Fehlgeburt hatte. Es ist für die ganze Familie sehr traurig, dass Silvan deswegen ein Einzelkind geblieben ist. In der Aufstellung finden wir heraus, dass es noch ein weiteres Seelenkind gibt, von dem niemand gewusst hat: Silvan hat eine Zwillingsschwester. Er hat das unbewusst gespürt und versucht, ihr einen Platz zu geben, indem er in ihre Rolle geschlüpft ist. Die Eltern erzählen ihm sogleich von seiner Schwester, und Silvan sagt seither oft, wie sehr er sie vermisst. Er spielt noch ein paar Monate Prinzessin, doch irgendwann will er seine Haare abschneiden und spielt inzwischen lieber mit seinem ferngesteuerten Auto.

Das andere Geschlecht im Spiel ausprobieren zu dürfen, ist wichtig für die Entwicklung der Identität. Indem Kinder im Rollenspiel ausprobieren, wie es ist, wenn sie in eine gegenteilige Rolle schlüpfen – zum Beispiel wenn ein Mädchen den Papa spielt –, finden sie damit zu einer klaren Definition der eigenen Geschlechtlichkeit. Das ist ein normales Phänomen innerhalb der kindlichen Entwicklung. Auffallend wird es erst, wenn Kinder immer oder sehr häufig das gegenteilige Geschlecht wählen und auch außerhalb des Spiels Kleider des anderen Geschlechts bevorzugen. Dann kann es sein, dass die Kinder ein fehlendes

Geschwisterchen sichtbar machen wollen. In Silvans Spiel ist jeden Tag ein Mädchen in der Familie anwesend, so wie es eigentlich hätte sein sollen. Er schafft mit seinem Spiel die Möglichkeit, seine Schwester darzustellen, sodass sich eine Form ergibt, wie ihrem Sein Ausdruck verliehen werden kann.

Die Selbstheilung des Trennungstraumas

Sehr häufig sind imaginäre Freunde fehlende Zwillingsgeschwister. Ich habe bereits ausführlich über das Trauma der Trennung beim Verlust eines Zwillings in der frühen Schwangerschaft geschrieben. Indem die lebenden Kinder ihre Seelenzwillinge als Freunde in ihr Leben einbauen, heilen sie sich selbst ein Stück weit von diesem Trauma. Sie haben so die Möglichkeit, gemeinsame Erlebnisse mit dem Zwilling zu haben und hineinzuspüren, wie das Leben an der Seite des Zwillings hätte sein können. Umso wichtiger ist es, dass Sie als Eltern die imaginären Freunde ebenfalls als real und wichtig ansehen. Die Kinder spüren die Präsenz der Seele des Zwillings und lassen ihn am Leben teilhaben. Imaginär bedeutet nicht etwa eingebildet, sondern bildlich, und das trifft es sehr genau: Die Kinder machen sich ein genaues Bild ihrer Geschwister und versuchen, den Rest der Familie ebenfalls an diesem Bild teilhaben zu lassen.

Die Botschaft des Kindes

> Wenn ein Kind über längere Zeit einen sogenannten imaginären Freund hat, sieht es aller Wahrscheinlichkeit nach ein Seelenkind der Familie und sagt: »Du bist real.«

Kinder sind viel intuitiver als Erwachsene und machen noch keine harte Trennung zwischen der innerlich erlebten Realität und der äußeren Welt, wie sie unter objektiven Kriterien erscheint. Wenn sie ein Seelenkind spüren können, so ist es für sie real.

Ich denke, ich habe bis hierher deutlich machen können, dass Seelenkinder reale Kinder sind, auch wenn sie nicht mit uns leben. Imaginäre Freunde sind daher nicht zwingend ein Produkt kindlicher Fantasie. Sie sind häufig Ausdruck kindlicher Wahrnehmung. Natürlich kann es sein, dass sich ein Kind auch einmal einen tatsächlich imaginären Freund ausdenkt, so wie es auch einmal spielt, es sei ein kleines Kätzchen. Das dauert aber vielleicht einige Stunden oder einen Tag. Imaginäre Freunde, die über mehrere Wochen und Monate als ständige Begleiter auftreten, sind hingegen meist Mitglieder der Familie.

Übung »Das Seelenkind integrieren nach Vorstellung des Kindes«

Ich habe Ihnen bereits verschiedene Übungen und Rituale gezeigt, mit denen Sie Ihr Seelenkind integrieren können. Eine weitere sehr gute Möglichkeit ist: Fragen Sie Ihr Kind, wie Sie als Familie das Geschwisterchen in die Familie aufnehmen möchten. Kinder haben ganz zauberhafte Ideen dafür. Indem Sie Ihr Kind in die Entscheidung mit einbeziehen, geben Sie ihm die Chance, aktiv an diesem Prozess dabei zu sein. Ihr Kind spürt dann, dass es wichtig ist und dass es das Familienleben mitgestalten darf. Vielleicht hat Ihr Kind schon lange gespürt, dass etwas in Ordnung gebracht werden muss, konnte aber selbst nicht formulieren, was da durcheinandergeraten ist. Wenn es das Willkommensritual für das Seelenkind mitgestalten darf, kommt es aus einer reaktiven Passivität in die aktive Handlungsmöglichkeit. Das löst die eingefahrenen Strukturen innerhalb der Familie auf und hilft, dass Ihr Kind nicht mehr in den alten Verhaltensmustern verharren muss. Wenn Sie alle gemeinsam ein schönes Ritual gemacht haben, wird Ihr Kind frei und kann sich ganz auf sich und das eigene Leben konzentrieren.

Imaginäre Freunde verschwinden irgendwann, gleichgültig ob Sie das Seelenkind integrieren oder nicht. Es kann einfach sein, dass Ihr Kind auf eine andere Weise auf das Seelenkind hinweist. Ich weiß von Kindern, die im Laufe ihres Aufwachsens nicht nur ein Problem entwickelt haben, das mit einem Seelenkind in Zusammenhang steht, sondern gleich mehrere. Manchmal löst ein Problem das andere ab, wenn das Kind in eine neue Lebensphase kommt. So können sich die Schlafprobleme im Kindergartenalter lösen, dafür fällt es dem Kind schwer, sich auf eine Arbeit zu konzentrieren und stillzusitzen. Die nächsten Kapitel zeigen, in welchen Lebensbereichen die Seelenkinder ihre Geschwister noch beeinflussen und sogar beeinträchtigen können.

Hyperaktive Kinder

Ich bin kein Fan der Modediagnose Aufmerksamkeitsdefizit-Hyperaktivitäts-Syndrom (ADHS), weil ich der Überzeugung bin, dass ein Kind mit hyperaktiven Verhaltensweisen verschiedenen familiären, gesellschaftlichen und medizinischen Einflüssen ausgesetzt ist, die maßgeblich auf das Kind einwirken. Die Diagnose führt dazu, dass die Ursache für das Verhalten nur beim Kind gesucht wird. Damit wird man dem Kind nicht gerecht.

Pränatale Erfahrungen prägen die Hirnentwicklung

Schulmedizinische Ansätze gehen davon aus, dass ADHS eine angeborene Funktionsstörung des Gehirns, vor allem des Dopamin-Stoffwechsels sei.[12] In Deutschland leben über eine Million Kinder mit der Diagnose, ein Großteil davon wird mit Methylphenidat, meist in Form des bekannten Medikaments Ritalin behandelt – obwohl man noch keine Langzeitergebnisse hat, zu welchen Veränderungen im Gehirn der Wirkstoff führen kann. Das Medikament bewirkt, dass die Kinder ihren natürlichen Impulsen nicht mehr nachgeben und sich dadurch besser konzentrieren können.

Ich teile die Skepsis des Neurobiologen und Hirnforschers Gerald Hüther. Er weist darauf hin, dass sich Kinder im Leben nicht zurechtfinden werden, wenn sie nicht lernen, ihre Impulse aus eigener Kraft zu kontrollieren. Nach Hüther ist ADHS keine Krankheit. Er argumentiert, dass den betroffenen Kindern eine wichtige Sozialisationserfahrung fehlt, nämlich die der geteilten Aufmerksamkeit (*shared attention*). Die Erfahrung der geteilten Aufmerksamkeit ermöglicht es Kindern, ein Gruppenerlebnis zu haben, in der man ein gemeinsames Ziel verfolgt und ein gemeinsames Erlebnis hat. Solch geteilten Momente können zum Beispiel mit anderen Kindern im Spiel erlebt werden, wenn die Kinder zusammen einen Lego-Turm bauen. Das kann der entspannte Moment beim Vorlesen der Gute-Nacht-Geschichte mit der Mutter sein oder das Fußballspiel mit dem Vater. »Shared attention heißt, sich gemeinsam in etwas Drittem zu finden, dort gleichzeitig frei und verbunden zu sein.«[13] Es genügt leider nicht, dass die Eltern dem Kind solche Momente anbieten. Das Kind muss sich darauf einlassen können. Ob das gelingt, hängt nicht nur vom gelebten Familienalltag ab, sondern unter Umständen schon von den vorgeburtlichen Erfahrungen. Diese Erfahrungen haben beim Kind nicht nur emotionale Spuren hinterlassen. Sie haben ebenso die Hirnentwicklung beeinflusst. Gerald Hüther sagt dazu:

»Die kortikalen Strukturierungsprozesse erfolgen beim Kind nicht durch das, was wir früher Umwelt genannt haben. Sie erfolgen aufgrund seiner subjektiven Bewertungen und die damit einhergehenden subjektiven Erfahrungen, die jedes Kind in seiner jeweiligen Lebenswelt macht. Die sind auch schon vorgeburtlich nicht identisch. Es gibt eben auch schon vorgeburtliche Strukturierungsprozesse, die jedes Kind in der Schwangerschaft durchläuft. Das heißt, jedes Kind bringt eine Prädisposition mit, was es besonders braucht, worauf es besonders achtet, was ihm besonders bedeutsam sein wird.«[14]

Diese Aussage untermauert meine Erfahrungen. Nehmen wir an, ein Kind erlebt während der Schwangerschaft den Tod seines Zwillings. Diese Erfahrung beeinflusst die Strukturierungsprozesse im Gehirn und bestimmt die Art und Weise, wie die neuronalen Netze im Gehirn des Kindes verschaltet werden.

Neuronale Netze entstehen durch das Verbinden von Information und Erfahrung. Unser Wissen ist in neuronalen Netzen organisiert. Die vorgeburtlichen Erfahrungen prägen unser Wissen und unseren Umgang mit der Welt. Ein Kind, das ein vorgeburtliches Trauma wie den Verlust eines Zwillings erlebt hat, kann sich weniger gut auf innige Momente mit seiner Familie einlassen, weil es durch seine Sehnsucht und seine Verlustangst daran gehindert wird, wirkliche Nähe zuzulassen. Das Konzept »frei und verbunden« ist ihm fremd. Es fühlt sich entweder verbunden oder verlassen. Weil es in der ständigen Besorgnis lebt, die liebsten Menschen könnten gleich wieder verschwinden, lässt es sich emotional nicht so tief auf eine Verbindung ein wie ein Kind ohne prägende Verlusterfahrung. Es entzieht sich innigen Momenten dadurch, dass es zum Beispiel beim Vorlesen gleich wieder wegspringt, um ein anderes Buch zu holen. Oder kaum hat man das Brettspiel ausgepackt, will das Kind lieber basteln. Leider fehlt ihm dann das wichtige Erlebnis der geteilten Aufmerksamkeit.

Ich habe beobachtet, dass Kinder, die sich hyperaktiv verhalten, häufig einen verlorenen Zwilling haben. Es wäre sehr spannend, die vorgeburtlichen Einflüsse auf die Entstehung der sogenannten Hyperaktivität vertiefter zu untersuchen. Ich bin sicher, dass man noch weitere Einflussfaktoren finden könnte.

Meiner Erfahrung nach gibt es noch andere Ursachen für Hyperaktivität: Sie kann aus einer Fehlernährung entstehen, sie kann als Folge einer Impfung auftreten, sie kann von zu hohem Elektrosmog ausgelöst werden und sie hat immer systemische Komponenten, die es zu berücksichtigen gilt. Einige dieser familiären Voraussetzungen möchte ich gern beleuchten.

Alles spüren können, außer sich selbst

Die Art und Weise, wie wir Kindheit in Europa heutzutage gestalten, hat einen Einfluss auf die Zunahme der Diagnose Hyperaktivität. Ganz allgemein fällt auf, dass Kinder heute weniger geerdet sind als noch vor fünfzehn oder zwanzig Jahren. Kinder können sich weniger gut selbst beschäftigen und verlangen dauernd, Unterhaltung von außen geboten zu bekommen. Da spielt der Erziehungsstil eine große Rolle, ebenso die Schule. Die Anforderungen an Kinder sind gestiegen, und die Zeit für Muße wird kleiner. Bereits im Vorschulalter ermöglichen Eltern ihren Kindern ein abwechslungsreiches Bildungsprogramm, sei es Musikunterricht, Karate, Kinderyoga, Schwimmunterricht und vieles mehr. Was fehlt, ist die Möglichkeit zur Langeweile. Ebenso werden die Zeitfenster für freies Spiel rationiert zugunsten eines gezielten Hobbys.

Dies führt dazu, dass den Kindern der Boden unter den Füßen fehlt. Von zehn Kindern, die zu mir in die Behandlung kommen, sind neun nicht ausreichend geerdet, gleichgültig wie alt die Kinder sind. Mein Eindruck ist, dass sich das seit dem Beginn meiner Tätigkeit verstärkt hat.

Demgegenüber steht das Phänomen, dass Kinder heute mehr wahrnehmen als früher. Unzählige Kinder haben mediale Fähigkeiten, können Ereignisse voraussehen, sehen Engel oder Verstorbene in der Zimmerecke, dadurch sind sie aber weniger geschützt. Die sensitiven Wahrnehmungen führen zusätzlich zu den Lebensbedingungen dazu, dass Kinder durchs Leben schweben, statt tief verwurzelt zu sein. Es fällt ihnen schwer, ihren Körper zu spüren. Wie sollen sie denn da ruhig sitzen? Sie bemerken augenblicklich, wenn die Stimmung zwischen den Eltern kippt. Sie spüren die hektische Energie eines Kaufhauses als Stromschlag, der durch ihren Körper schießt. Sie realisieren, dass Lena in der hinteren Schulbank weint, weil sie die Hausaufgaben nicht richtig gelöst hat. Aber sie spüren sich selbst nicht. Ihre Antennen sind zwar auf Empfang geschaltet, aber nur für die Signale von außen. Was in ihrem Körper vor sich geht, davon haben sie keine Ahnung. Sie merken nicht, wenn sie müde werden. Sie realisieren nicht, dass sie Hunger haben. Sie erkennen nicht, dass sie traurig werden, weil die Kindergärtnerin ein melancholisches Lied singt. Sie finden die Situation einfach anstrengend und werden ganz hibbelig, weil sie es kaum aushalten. Dann müssen sie sich bewegen oder lauthals eine fröhliche Melodie pfeifen, um die Situation energetisch zu verändern. Sie machen das nicht mit Absicht. Sie reagieren unbewusst auf einen äußeren Reiz, den sie schwierig finden. Für Erwachsene ist es meist nicht nachvollziehbar, worin dieser Reiz besteht. Die Kinder sind den Signalen aus der Umwelt ausgesetzt, weil sie in ihrem eigenen Körper nicht zu Hause sind. Somit kann der Körper seine natürliche Schutzfunktion nicht erfüllen.

Ist jemand geerdet, so fühlt er sich in seinem Körper wohl. Dann weiß er, dass es eine Grenze gibt zwischen dem Ich und der Welt. Und dann kann er regulieren, auf welche Signale er reagiert und auf welche nicht. Ein gut geerdetes Kind geht vielleicht auch nicht gern einkaufen. Aber es spürt seinen Körper und kann sich damit von der Hektik positiv abgrenzen.

Eine gute Erdung entsteht auch aus dem Wissen, wer man ist. Dieses Wissen müssen Kinder erst aufbauen. Es ist ein wichtiger Lernschritt, ein positives Ich-Gefühl zu entwickeln. Menschen mit einem guten Ich-Gefühl spüren sich selbst gut. Das heißt, sie erkennen die eigenen Bedürfnisse und wissen, wie sie sich selbst positiv unterstützen können. Sie wissen, dass sie ein eigenständiger Mensch mit eigenen Gefühlen sind, der unabhängig von anderen Personen existiert. Sie sind in der Lage, gut auf sich aufzupassen. Für Kinder bedeutet es vor allem, dass sie bei sich bleiben können. Dass sie sich nicht von den Befindlichkeiten ihrer Mitmenschen zu stark beeinflussen lassen. Und dass sie sich mit sich selbst wohl fühlen. Ist das der Fall, haben sie eine gute Balance zwischen Aktivität und Erholung. Sie wissen, wann sie übermütig und lustig sein können und wann es angebracht ist, dass sie ruhig auf einem Stuhl sitzen und zuhören, was man ihnen erzählt. Sie können sich angemessen an eine Situation anpassen, ohne sich selbst dabei zu verleugnen. Sie wissen, dass sie manchmal Blödsinn machen können, sie wissen aber auch, dass sie sich konzentrieren können, wenn es die Situation erfordert.

Kindern mit hyperaktiven Verhaltensmustern fehlt diese innere Steuerung. Sie haben häufig kein gutes Ich-Gefühl und kein Empfinden für die natürliche Grenze zwischen dem Ich und der Umgebung. Deswegen können sie sich schlecht abgrenzen und reagieren auf alle Signale, die ihnen die Umwelt gerade darbietet. Sie wissen nicht, ob sie jetzt wirklich auf dem Stuhl herumzappeln, weil es einem inneren Bedürfnis entspricht, oder weil sie den schlecht gelaunten Freund aufheitern wollen, indem sie den Clown spielen. Weil sie die Impulse nicht steuern können, haben sie keine Zeit zur Reflexion ihrer Handlungen. Man könnte sagen, sie reagieren nur, anstatt dass sie bewusst und zielgerichtet agieren. Deswegen erscheinen sie als getrieben und haltlos.

Die Botschaft des Kindes

Verhält sich ein Kind auffallend oft hyperaktiv, so sagt es damit: »Ich spüre mich nicht.« Weil es sich nicht richtig spüren kann, fehlt ihm auch das Gefühl für das eigene Ich. Somit lautet die eigentliche Botschaft: »Ich weiß nicht, wer ich bin.«

Damit ist nicht das kognitive Wissen gemeint. Wenn Sie Ihr Kind fragen, wer es sei, wird es schon sagen »Ich bin Melanie«. Aber es hat kein Gefühl dazu entwickelt. Es ist ein kopfgesteuertes Wissen statt einer emotionalen Verinnerlichung. Es gibt eine gute Übung, die da helfen kann.

Übung »Ich-Gefühl stärken«

Um das Ich-Gefühl Ihres Kindes zu stärken, klopfen Sie ihm mehrmals sanft aufs Brustbein. Unter dem Brustbein befindet sich die Thymusdrüse, die Informationen in den Körper sendet. Das können wir nutzen, um dem Kind eine wichtige Information einzuspeichern. Während des Klopfens sagen Sie: »Du bist …« und den Namen des Kindes. Zum Beispiel: »Du bist Melanie Lia Müller.«

Sie können die Übung morgens beim Aufstehen und abends vor dem Einschlafen machen. Ist Ihr Kind bereits fünf Jahre oder älter, ist es sinnvoll, wenn das Kind selbst klopft und dazu sagt: »Ich bin Melanie Lia Müller.«

In der Praxis sage ich den Kindern, das sei ein Zaubersatz. Der Zaubersatz macht, dass man sich groß und stark fühlt. Die Übung eignet sich daher auch bestens für Kinder, deren Selbstwert gesteigert werden soll. Für sehr schüchterne Kinder, die sich nichts zutrauen, ist das eine wunderbare Übung.

Hat ein Kind mehrere Vornamen, müssen zwingend alle Namen genannt werden. Der zweite Vorname ist der sogenannte Kraftname, der das Kind zusätzlich stärkt. Ein gutes Ich-Gefühl führt automatisch zu einer besseren Erdung, weil ich mit mir besser verbunden bin. Nur wenn ich weiß, wer ich bin, kann ich mich sicher fühlen im eigenen Körper und im eigenen Leben. Um zu verinnerlichen, wer ich bin, muss ich zudem wissen, welchen Platz ich innerhalb der Familie habe.

Wenn Kinder auf dem falschen Platz stehen

Wir erinnern uns daran, dass im Familiensystem jeder einen Platz zugewiesen bekommt. Stehen Kinder auf dem falschen Platz, leben sie überintensiv und können sich nicht entspannen. Dies geschieht vor allem dann, wenn die Kinder die richtige Geschwisterreihenfolge nicht kennen. Das können Sie sich vorstellen wie beim Spiel »Reise nach Jerusalem«, bei dem mehrere Personen versuchen, einen Stuhl zu ergattern. Ist das mein Platz oder dein Platz? Blitzschnell muss man von einem Platz auf den anderen hüpfen.

Ein ganz typisches Verhalten dieser Kinder ist, das Leben so intensiv zu leben, als würden sie effektiv für zwei leben. Dafür gibt es zwei Gründe.

Zum einen versuchen die Kinder unbewusst, die Lücke zu füllen, die beim Verlust des Seelenkindes entstanden ist. Sie möchten ihren Eltern dieses Kind ersetzen. Sie spüren intuitiv, dass jemand fehlt, und möchten den Schmerz der Eltern lindern. Gleichzeitig meinen Kinder, die versehentlich auf dem ersten Platz stehen, sie müssten sich dessen würdig erweisen, wenn die Eltern sie schon dahin stellen. Diese Kinder streben nach Perfektion und sind verzweifelt, wenn ihnen etwas nicht gelingt. Ein krummer Buchstabe innerhalb eines Satzes kann zur Tragödie werden, weil das Kind sich so sehr wünscht, alles perfekt zu machen. Sie möchten die Wünsche, die die Eltern für das Seelenkind haben, erfüllen.

Das kann sich auch darin zeigen, dass die Kinder nicht wissen, was sie wollen. Möchten sie Spaghetti oder Pizza essen? Möchten Sie Ballett tanzen oder Theater spielen? Die Kinder können sich vor lauter Ideen nicht auf eine Möglichkeit begrenzen. Auch können sie schwer bei einer Sache bleiben. Noch während sie die Puppe kämmen, haben sie eine tolle Idee für eine Zeichnung. Kaum sind die Stifte hervorgeholt, sehen sie die Schere, mit der man einen Scherenschnitt machen kann. Am Schluss ist weder die Puppe frisiert noch die Zeichnung gemalt. Die Kinder können sich nicht fokussieren aus Angst, eine andere Möglichkeit zu verpassen und dadurch das Leben nicht voll ausgeschöpft zu haben.

Dies ist der zweite Grund, weswegen sie doppelt intensiv leben: Die Kinder wollen ihren Seelengeschwistern ermöglichen, am Leben teilzuhaben. »Unser Sohn ist anstrengender als drei

Kinder zusammen.« Solch einen Satz bekomme ich oft zu hören. Die Eltern drücken damit das aus, was effektiv passiert. Die Kinder packen zwei Leben in eines. Sie wirken getrieben, weil sie immer nach mehr streben. Noch weiter springen, noch länger aufbleiben, noch mehr essen und vor allem: noch mehr erleben. Sie kommen nie zur Ruhe. Sie erreichen schließlich auch nie ihr Ziel. Was immer sie auch erleben, das Seelenkind bleibt tot, sie können ihm kein Leben ermöglichen.

Die Botschaft des Kindes

Hüpft ein Kind zwischen dem eigenen Platz in der Familie und dem Platz eines Seelenkindes hin und her, so erscheint es als hyperaktives Kind. Ich sage lieber »sehr intensives Kind«. Mit seinem Verhalten sagt es: »Ich lebe für dich mit.«

Was für ein Liebesbeweis! Die Kinder strengen sich enorm an, um für zwei zu leben. Sie werden nie müde, weil sie das Leben auch für das Seelenkind ganz auskosten möchten. Alles erleben, was möglich ist, lieber noch etwas mehr. Aus meiner Erfahrung ist das einer der Hauptgründe, weswegen ein Kind hyperaktive Verhaltensweisen entwickelt.

Übung »Du darfst für dich leben«

Nehmen Sie sich etwas Zeit, um mit Ihrem Kind zu reden, und sagen Sie ihm:

- »Du darfst für dich leben.«
- »Du musst nicht für das Seelenkind leben.«

Ist das Kind noch klein, können Sie ihm das vor dem Einschlafen mitteilen, ohne große Erklärung dazu. Das Unterbewusstsein versteht, worum es geht. Ab dem Schulalter oder wenn das Kind nachfragt, können Sie ihm die nötigen Informationen geben und alles erklären.

Zusätzlich können Sie die Übung »Ich-Gefühl stärken« (oben in diesem Kapitel) machen, bei größeren Kindern empfiehlt es sich auch, dass das Kind selbst die Übung »Ich bin ich – du bist du« aus dem Kapitel »Das Familiensystem« macht und dabei den Namen des Seelenkindes in den oberen Kreis schreibt.

Hyperaktivität als Folge künstlicher Befruchtung

Es gibt noch einen ganz anderen Grund, weswegen ein Kind sein Aktivitätspotenzial schlecht regulieren kann. Dieser Grund hat mit der Art und Weise der Zeugung zu tun.

Wenn zwei Menschen miteinander schlafen, so verbinden sich die Energien der beiden miteinander. Dadurch erschaffen sie ein energetisches Feld. Dieses Feld hat eine Kraft ganz ähnlich einem Magneten und wirkt anziehend auf Seelen, die gern inkarnieren möchten. Je stärker das Feld ist, umso einfacher vollzieht sich der Zeugungsakt. Bei einer Zeugung gibt der Vater den Initialimpuls, die Mutter erhält die Energie aufrecht, und das Kind kann sich in das Feld hineinziehen lassen. Bei einer natürlichen Zeugung wendet der Vater am meisten Energie auf. Man kann sich das als Startschuss vorstellen, aus dem sich explosionsartig die Anziehungskraft entwickelt, die dann in dem Dreiergespann Vater, Mutter, Kind wirkt und es dem Kind ermöglicht, aus der hohen Schwingung der geistigen Welt in die materielle Ebene einzutauchen. Da die Seele vor der Zeugung reine Schwingung ist, braucht es bei der Zeugung eine Schwingungserhöhung zwischen Mann und Frau, die sich durch die sexuellen Handlungen automatisch ergibt. Die gegenseitige Stimulation erhöht den Energielevel im Körper und erschafft das magnetische Feld.

Wird ein Kind nicht während des sexuellen Akts gezeugt,

sondern durch In-vitro-Fertilisation, fehlt genau dieses energetische Feld. Trotzdem kann eine Zeugung stattfinden. Wieso? Für eine Zeugung braucht es einen Impuls. Ist der Vater nicht in der Lage, diesen Impuls auszusenden, weil er bei der eigentlichen Zeugung nicht anwesend ist, so übernimmt die Seele des Kindes diese Aufgabe. Die Seele wendet dann von sich aus so viel Energie auf, dass trotz allem ein energetisches Feld entsteht. Dieses Feld aber entsteht nur zwischen dem Kind und der Mutter. Der Vater bleibt energetisch außen vor.

Die Seele des Kindes realisiert gleich zu Beginn, dass sein Leben nur möglich ist, wenn es sich übermäßig anstrengt. Das Kind lernt, dass es alles geben muss, um Erfolg zu haben. »Wenn ich mich anstrenge, bin ich erfolgreich.« Mit dieser Grunderfahrung startet es ins Leben und erhält dieses Lebensmuster auch nach der Geburt aufrecht. Es versteht sich von selbst, dass diese Kinder starke Persönlichkeiten werden, die mit viel Willenskraft durchs Leben gehen.

Was zum Zeitpunkt der Zeugung und den ersten Schwangerschaftswochen absolut richtig war, kann sich aber im Laufe des Lebens zum Problem entwickeln. Wenn ein Kind so stark verinnerlicht hat, dass es immer 150 Prozent geben muss, fällt es ihm schwer, sich zu entspannen. Es ist immer in Bewegung, kann sich nicht auf Details konzentrieren, sondern will alles auf einmal entdecken. Sein Ja zum Leben war so stark, jetzt möchte es das Leben ganz auskosten. Viele Symptome der Hyperaktivität lassen sich auf diesen Umstand zurückführen.

Weitere Folgen des Aktivitätsprinzips sind ein zu hoher Muskeltonus, Schlafschwierigkeiten oder Kopfschmerzen im Kleinkindalter. Der Körper des Kindes konnte sich nur entwickeln, weil das Kind viel Energie aufgewendet hat. Das bleibt im Körper gespeichert. Nun fällt es ihm im Leben schwer, etwas einfach geschehen zu lassen. Es will alles bestimmen. Da es bei der eigenen Zeugung so erfolgreich war, fühlt es sich als Superheld. Das Problem dabei ist, dass es dann meint, es sei der Chef der Familie. Der Vater konnte sich während der Zeugung nicht einbringen, also spürt das Kind die Kraft des Vaters nicht. Somit kommt es zum Schluss, es sei dem Vater energetisch überlegen. Nur ist es für ein kleines Kind sehr anstrengend, den Chef spielen zu müssen. Da sind die Eltern gefordert, vor allem der Vater. Er muss dem Kind zeigen, dass er der Große ist. Mein kleiner Klient Finn verkörpert diese Problematik besonders ausgeprägt.

Finn (vier Jahre) ist ein aufgeweckter, fröhlicher Junge mit viel Charme. Wenn man ihn sieht, möchte man ihn am liebsten knuddeln. Trotzdem ist er für seine Eltern sehr anstrengend. Finn kann kaum einen Moment stillsitzen, und immer wenn er auf andere Kinder trifft, beginnt er eine Rauferei. Am liebsten würde er den ganzen Tag kämpfen. Sein kleiner Bruder ist erst ein Jahr alt und steht daher für Kämpfe noch nicht zur Verfügung, und der Papa arbeitet tagsüber. So ergreift Finn die Gelegenheit, wann immer er auf andere Kinder trifft, ob Mädchen oder Junge. Auch wenn die Kinder mehrere Jahre älter sind als er. Er prescht auf die Kinder zu und beginnt, mit ihnen zu raufen, noch bevor die Kinder realisieren, was da vor sich geht. Weil die meisten Kinder von diesem Ansturm überfordert sind, reagieren sie mit Ablehnung. Was für Finn sehr schwierig und unverständlich ist, er hat es doch nicht böse gemeint. Sich zu schlagen, ist sein Lieblingsspiel.

Finn wurde mittels künstlicher Befruchtung gezeugt. Finn weiß aus dieser Erfahrung, dass er sehr stark ist. Und er sucht nach jemandem, der noch stärker ist. Jeden Tag will er herausfinden, ob ihm nicht jemand kräftemäßig überlegen ist. Es fehlt ihm der natürliche Halt, der sich aus dem Wissen ergibt, dass der Vater größer und stärker ist.

Die Botschaft des Kindes

Wenn ein Kind nach einer künstlichen Befruchtung hyperaktive Verhaltensweisen zeigt, sagt es damit: »Ich setze meine ganze Energie ein.«

Helfen können Entspannungstechniken oder Körpertherapien wie Cranio-Sacral-Therapie oder Kinesiologie. Zudem braucht das Kind viel Lob in Situationen, in denen es sich gerade nicht angestrengt hat. Das Kind muss lernen, dass es erfolgreich sein kann, ohne seine ganze Kraft einzusetzen. Es muss lernen, etwas geschehen zu lassen. Und es muss die Stärke des Vaters erfahren.

Übung »Die Kraft des Vaters spüren«

Diese Übung machen Vater und Kind. Sie hilft allen Kindern nach einer In-vitro-Fertilisation oder Insemination, auch wenn sie nicht hyperaktiv sind. Sie können dadurch körperlich erfahren, dass sie beim Vater Halt und Sicherheit finden.

Setzen Sie sich mit Ihrem Kind auf den Boden. Das Kind darf sich mit dem Rücken an Ihren Rücken lehnen. Verbleiben Sie mindestens zehn Minuten in dieser Sitzposition. Laden Sie das Kind ein, dass es sein ganzes Gewicht abgibt, als würde es sich an eine stabile Wand lehnen. Dazu sagen Sie wiederholt folgenden Satz: »Ich bin der Große und du bist der/die Kleine.« Das Kind antwortet: »Du bist der Große und ich bin der/die Kleine.«

Sie werden merken, wie sich das Kind entspannt, je länger Sie die Übung machen. Es lohnt sich, die Übung anfangs alle paar Tage zu machen. Hat sich das Gefühl verinnerlicht, können Sie die Übung immer dann einsetzen, wenn Sie es für nötig halten. Die Übung eignet sich für Kinder ab drei Jahren bis ins beginnende Teenageralter.

Exkurs: Nicht verwendete befruchtete Eizellen

Wenn Kinder das Gefühl haben, in der Familie sei nicht alles so, wie es scheint, erleben sie das als Spannung. Die Spannung entsteht dadurch, dass Fühlen und Erleben nicht zusammenpassen. Das Kind erlebt, wie alle so tun, als bestünde die Familie aus den sichtbaren Mitgliedern, während es fühlt, dass es in Wirklichkeit ganz anders ist. Was Sie vielleicht erstaunen mag, ist, dass selbst eingefrorene Eizellen, die aufgrund einer künstlichen Befruchtung produziert wurden, eine Wirkung aufs Familiensystem haben. Das möchte ich gern erläutern.

Das ist natürlich ein heikles Thema, und auch hier geht es mir nicht darum, eine moralische Debatte zu führen. Ich kann nur meine persönliche Sicht und vor allem meine Erfahrung einbringen. Was ich als Therapeutin erfahre, ist, dass man die Auswirkungen von nicht verwendeten befruchteten Eizellen nicht unterschätzen darf. Wenn sich ein Mann und eine Frau für eine künstliche Befruchtung entscheiden, so geben sie innerlich die Zustimmung dazu, dass eines oder mehrere Kinder auf die Welt kommen dürfen. Sie erinnern sich an das dreifache Ja, das ich im Kapitel »Das Familiensystem« beschrieben habe. Diese Zustimmung schafft auf der Herzensebene einen ersten Hauch von Verbindung, noch bevor das Prozedere durchgeführt wird. Nun findet die Zeugung im Labor statt und der Frau werden ein bis drei befruchtete Eizellen eingesetzt. Der Rest wird tiefgefroren, man nennt dies Kryokonservierung. Zumindest ist dies der Vorgang, wie er in der Schweiz stattfindet. Im besten Fall wird die Frau schwanger, und die Kinder kommen zur Welt. Fünf Jahre später erhält das Paar einen Telefonanruf aus der Kinderwunschklinik. Der Zeitpunkt ist da zu entscheiden, was mit den restlichen befruchteten Eizellen geschehen soll. Folgende Optionen stehen zur Auswahl: einsetzen und hoffentlich erneut schwanger werden oder entsorgen. Sprich in den Abfall werfen. Nun ergeben sich daraus zwei emotionale Schwierigkeiten. Zuerst einmal werden die Eltern, die sich sehnlichst Kinder gewünscht haben und dafür einiges an Strapazen auf sich genommen haben, gezwungen, eine Entscheidung für oder gegen die restlichen befruchteten Eizellen zu treffen. Das ist keine leichte Entscheidung. Für viele Paare gleicht sie von der Schwere her derjenigen einer Abtreibung. Wenn sich die Eltern gegen das Einsetzen entscheiden, nehmen sie damit einem Kind die Möglichkeit zu leben. Nun treffen sie diese Entscheidung aber nicht aus einer Notsituation heraus, sondern zu dem Zeitpunkt, der vom Gesetzgeber vorgesehen ist, genau fünf Jahre nach der künstlichen Zeugung.

Wie schwer die Entscheidung wiegt, spüren viele erst dann, wenn sie getroffen werden muss. Sich das im Voraus zu überlegen, erscheint oftmals als zu hypothetisch, also schiebt man es von sich weg, bis es keinen Ausweg mehr gibt. Natürlich kann man das ganz rational sehen und denken, dass es nur darum geht, einen Zellhaufen zu entsorgen. Es gibt Paare, die versuchen, die Entscheidung mit dieser Haltung zu treffen. Für viele ist es aber wirklich ein Ja oder Nein zum Leben eines Kindes. Auch wenn man keine Garantie hat, ob sich tatsächlich nochmals eine Schwangerschaft einstellen würde: Allein die Möglichkeit bewirkt etwas im Herzen und im Unterbewusstsein. Zuerst bei den Eltern, aber de facto auch bei den Geschwistern.

Am deutlichsten zeigt es sich an der Art und Weise, wie sich die Geschwister in Gruppensituationen verhalten. Da man bei künstlicher Befruchtung nicht ganz genau wissen kann, wie viele Möglichkeiten auf Leben sich daraus ergeben würden – vielleicht würden nur die eingesetzten Embryos leben, vielleicht käme es zu weiterer Zellteilung und es gäbe ein zusätzliches Zwillingspaar –, kennen die Kinder ihren Platz in der Geschwisterreihenfolge nicht mit letzter Sicherheit. Deswegen fühlen sie sich in Gruppen mit anderen Kindern unsicher. Sie wissen nicht, wie sie sich in der Gruppe einfügen können. Da sie in der Familie spüren, dass noch mehr Kinder hier sein könnten und sie die ganze Familienstruktur nicht ganz erfassen können, müssen sie in anderen Gruppen auch mit der Möglichkeit rechnen, dass alles anders sein könnte, als sie meinen. Worauf sollen sie sich verlassen?

Die Taktik, mit dieser Schwierigkeit umzugehen, ist meist, in der Gruppe aufzufallen. Den Clown spielen oder sich allem komplett verweigern. Kennen Sie das? Eine Gruppe von Kindern spielen miteinander, aber ein Kind eckt immer an! Ein Kind versucht noch etwas mehr Aufmerksamkeit als die anderen zu bekommen. Dahinter steckt natürlich wiederum eine Botschaft.

Die Botschaft des Kindes

Ein Kind, das spürt, dass sich die Eltern gegen das Einsetzen der übrig gebliebenen befruchteten Eizellen entschieden haben und das mit seinem Verhalten auf die familiäre Spannung reagiert, sagt damit: »Bei uns stimmt etwas nicht.«

Wie alt das Kind auch ist, es spürt immer, wenn etwas anders ist, als man ihm vorgaukeln möchte.

Sich nicht in die Gruppe einfügen zu können kommt auch daher, dass innerhalb der Familie eine Auswahl getroffen wurde von »lebenswert« und »nicht lebenswert«. Die Kinder, die zuerst eingesetzt wurden, hat man als lebenswert eingestuft, während die anderen abgelehnt wurden. Das klingt hart, nicht wahr? Aber für die Kinder ist es so. Sie spüren ein Gefälle zwischen den lebenden Kindern und denjenigen, denen die Chance auf Leben verweigert wurde. Mit kindlicher Logik ausgedrückt heißt das, die einen sind gut, die anderen schlecht. Die einen bekommen Aufmerksamkeit und Zuwendung, die anderen nicht. Aus diesem Blickwinkel ist es vielleicht nachvollziehbarer, dass die lebenden Kinder in Gruppen immer auffallen. Sie sind es gewohnt, mehr Aufmerksamkeit auf sich zu ziehen, und meinen, das müsse immer so sein. Auch wenn sie es in Wirklichkeit anstrengend finden, dass sie bei der Auslese gewonnen haben. Grundsätzlich wäre den Kindern wohler, wenn in der Familiengruppe alle gleich wären. Sie als Eltern können diese Gleichheit wiederherstellen, indem Sie mit Ihren Kindern über die Seelenkinder sprechen.

Sonderfall Samenspende

Die moderne Fortpflanzungsmedizin ermöglicht neue Familienstrukturen, die allerdings energetisch gewisse Herausforderungen mit sich bringen. Denken wir noch einmal an den kleinen Finn, der sich so gern mit anderen Kindern schlagen möchte. Finn wurde nicht nur durch künstliche Befruchtung gezeugt, die Samenzellen stammen von einem Spender. Er wächst bei sehr liebevollen Eltern auf und hat ein inniges Verhältnis zu seinem Papa. Aus biologischer und energetischer Sicht ist aber der Samenspender Finns Vater. Wurde ein Kind durch eine Samenspende gezeugt, so ist die Familie energetisch eine Patchworkfamilie. Der soziale Papa hat die gleiche Stellung wie es nach einer Trennung der leiblichen Eltern ein neuer Partner der Mutter hätte. Die Kernfamilie besteht aus Mutter, Spender und Kind. Es gibt sehr gelungene Entwürfe, wie man das im Alltag gestalten kann. Wichtig ist aber, dass die Eltern realisieren, dass die Familie des Kindes energetisch nicht dem entspricht, was sie zu Hause leben.

Die Geschwisterkonstellation ist bei Samenspenden noch komplizierter. Bei anonymen Samenspenden geben die Männer mehrmals Spermium ab. Die Kinder dürfen zwar ab dem 18. Lebensjahr Kontakt mit ihren Spendern aufnehmen, trotzdem ist es schwierig zu eruieren, wie viele Kinder effektiv aus diesen Spenden gezeugt wurden, da man nicht nur die lebenden Kinder zählen sollte, sondern auch alle Seelenkinder. Es wird Finn nie möglich sein herauszufinden, wie viele Geschwister er wirklich hat. Er wird darum auch die Geschwisterhierarchie in seinem Familiensystem nie erfahren. Er wird seinen Platz niemals kennen. So verwundert es nicht, dass er in Gruppensituationen überfordert ist.

Die Lebensgeschichten unserer Ahnen prägen unser Leben, weil wir mit ihrem Schicksal in Resonanz gehen. Wir gehen sogar in Resonanz mit Geschichten, die uns keiner erzählt hat. Weil sie ins Familiennetz eingewoben sind und darin wirken, ohne dass darüber geredet wird. Das Familiensystem, in das Finn hineingeboren wurde, ist nicht das seines sozialen Papas. Seine Familie besteht aus seiner Mutter und all ihren Ahnen und aus seinem Spender und dessen Ahnen. Dies sollte man bedenken, wenn man sich für eine Samenspende entscheidet. Man entscheidet sich nicht nur für die Gene eines unbekannten Menschen, sondern auch für die Geschichte seiner Familie, die auf das Kind einwirken kann. Damit es dem Kind gut geht, ist es ganz wichtig, dass dieses unbekannte Familiensystem geachtet wird, dass sich die Eltern bewusst machen, dass eine Seite der Familie des Kindes zwar unsichtbar, aber doch wirksam ist. Das Kind wird gestärkt, wenn seine sozialen Eltern mit Dankbarkeit und Respekt an alle die unbekannten Familienmitglieder denken. Klammern die Eltern innerlich diesen Teil der Familie aus und meinen, sie beide wären der Ursprung des Kindes, erzeugt das beim Kind einen energetischen Druck. Weil sie damit auch einen Teil des Kindes emotional ausklammern.

Diese Dynamik habe ich Finns Eltern erklärt, und wir haben eine Aufstellung gemacht, um Finns unbekannte Familie in das Gesamtfamilienbild zu integrieren. Dadurch, dass die Eltern innerlich liebevoll auf den anderen Teil seiner Familie schauen, signalisieren sie Finn auch, dass sie ihn, so wie er ist und mit allem, was er ins Leben mitbringt, annehmen. Sagen sie innerlich Ja zu seiner väterlichen Ursprungsfamilie, sagen sie auch Ja zu Finn. Damit fühlt sich Finn in der Familie besser aufgehoben.

Vor allem der soziale Papa sollte den Spender effektiv als Lebensspender des Kindes anerkennen. Damit wird der Papa, der das Kind durchs Leben begleitet, zu einem wichtigen Verbündeten. Er hat dem Kind zwar nicht das Leben geschenkt, aber er begleitet es durchs Leben. Somit ist er unersetzbar.

Wenn Ihr Kind auch durch künstliche Befruchtung oder eine Samenspende gezeugt wurde, so können Sie Ihrem Kind zu mehr innerer Ruhe verhelfen, wenn Sie all die beschriebenen Aspekte mitbedenken.

Dass eine Familie nicht so ist, wie es von außen scheint, kann man auch daran sehen, dass Kinder überschäumende Wut zeigen, die ohne erkennbaren Anlass zum Ausdruck kommt. Wutausbrüche können ein Indiz für ein Ungleichgewicht in der Familie sein.

Wutausbrüche von Kindern

Kinder, insbesondere Kleinkinder, zeigen ihre Emotionen offen und ehrlich und vor allem unverstellt. Wenn sie sich freuen, strahlen sie übers ganze Gesicht. Sind sie traurig, können sie weinen, und wenn sie wütend sind, schreien und stampfen sie, damit es auch jeder merkt. Seine Emotionen zu zeigen ist eine Möglichkeit, damit besser umgehen zu können.

Die normale Wut

Die eigene Emotionalität zu regulieren, ist eine Fähigkeit, die Kinder erst erlernen müssen. Es ist sehr individuell, in welchem Alter ein Kind dazu in der Lage ist. Das Zusammenleben in der Familie oder einer anderen sozialen Gruppe klappt nur, wenn die einzelnen Personen ihre Emotionen auf eine sozial erwünschte Art und Weise zeigen. Wenn alle einander anschreien und jeder in jedem Augenblick nur das macht, was er als positiv stimulierend empfindet, dann wird das gemeinsame Leben ungemütlich. Wenn die Familie sich frühmorgens bereit machen muss, weil die Eltern zur Arbeit fahren und die Tochter zur Tagesmutter gebracht wird, ist es wenig hilfreich, wenn besagte Tochter gerade in diesem Moment lieber basteln möchte. Wird ihr das Begehren verweigert, schmeißt sie sich vor Wut auf den Boden. Dabei schimpft sie laut und schlägt um sich. Für die Eltern eine konflikthafte Situation: Einerseits versuchen sie pünktlich zur Arbeit zu kommen, gleichzeitig möchten sie auf den Gefühlsausbruch der Tochter eingehen.

Kinder müssen lernen, eine Enttäuschung oder das Gefühl von Ärger auszuhalten und innerlich eine Möglichkeit zu finden, sich wieder gut zu fühlen, auch wenn die Situation nicht so verändert wird, wie sie sich das vorstellen. Das nennt man Emotionsregulation. Bei gelingender Emotionsregulation kann die Tochter aus unserem Beispiel ihren Eltern sagen, dass sie es ganz doof findet, jetzt zur Tagesmutter zu gehen. Dann können ihr die Eltern vielleicht anbieten, dass sie die Bastelsachen mitnehmen darf. So kann die Situation entspannt werden.

Nun kann es vorkommen, dass ein Kind unkontrollierte Wutausbrüche entwickelt, die über den normalen Emotionsausdruck hinausgehen. Oftmals erzählen Eltern, ihre Kinder würden »völlig grundlos« ausrasten und so wütend werden, dass man sie kaum mehr beruhigen kann. Das ist aber häufig nicht völlig grundlos …

Das Trauma der Abweisung

Ich komme nochmals zurück auf den Verlust des Zwillings. Viele Kinder erleben den Tod des Zwillings während der frühen Schwangerschaft nicht nur als Verlust, sondern ebenso als Abweisung. Die beiden Seelen haben sich gemeinsam auf den Weg gemacht, doch die Zwillingsseele kehrt wieder um und lässt den lebenden Zwilling allein. Zumindest erlebt das der lebende Zwilling so. Es kann wie immer bei Fehlgeburten sein, dass die körperlichen Voraussetzungen für ein menschliches Leben nicht gegeben waren. Es kann aber auch sein, dass sich die Seele des Zwillings tatsächlich anders entscheidet und nur anfangs dabei sein möchte, um gleich wieder in die geistige Welt zurückzukehren. Es gibt Seelen, die erschrecken, wenn sie die körperlichen Bedingungen erfahren, und die sich daraufhin entschließen, bloß energetisch bei der Familie zu sein. Andere Seelen fungieren als Begleiter für ihren Zwilling, weil sich der lebende Zwilling sonst nicht auf das Abenteuer Mensch eingelassen hätte. Diese Seelen haben von Anfang an die Absicht, nur während der Zeugung und dem Schwangerschaftsbeginn anwesend zu sein. Sie brechen die Schwangerschaft freiwillig selbst ab. Der zurückbleibende Zwilling weiß nicht, warum er plötzlich allein ist. Und so kommt ein Gefühl auf von »Ich bin es nicht wert, geliebt zu werden; ich bin es nicht wert, dass jemand bei mir bleibt«. Das beobachte ich einerseits bei Kindern, gleichzeitig habe ich das von Erwachsenen erfahren, die sich mit dem Verlust ihres Zwillings auseinandergesetzt haben.

In der Folge entwickelt sich bei den lebenden Zwillingen häufig das Gefühl »Ich habe etwas falsch gemacht«. Die daraus resultierende Verunsicherung zeigt sich bei Kindern insbesondere in Gruppensituationen. Die Kinder rechnen damit, dass jederzeit etwas passieren kann, was für sie schwierig ist. So gehen sie mit einer inneren Anspannung in die Gruppe hinein und verhalten sich entweder gehemmt oder sehr dominant, je nach Charakter. Dass sich aus dieser Haltung heraus keine entspannte Spielsituation mit anderen Kindern ergeben kann, liegt auf der Hand. Typisch für zurückbleibende Zwillinge ist es, dass sie sich genau ausmalen, was sie mit ihren Spielkameraden unternehmen und welche Spiele sie ausprobieren möchten. Das kann so weit gehen, dass sie bereits im Vorfeld eine exakte Vorstellung davon haben, wer was machen soll. Es kommt ihnen nicht in den Sinn, dass die anderen Kinder vielleicht eigene Ideen haben oder dass sie miteinander etwas kreieren könnten. So kommt es unweigerlich zu schwierigen Situationen, wenn sich ihre Vorstellungen im gemeinsamen Miteinander nicht erfüllen.

Stellen Sie sich vor, Ihr Kind hat Besuch vom Nachbarsjungen und die beiden wollen ein Rollenspiel machen. Ihr Kind hat die Idee, aus Möbeln und farbigen Decken ein Schiff zu bauen. Nun möchte aber der Spielkamerad von nebenan kein Pirat sein, sondern lieber ein Ritter. Und Ihr Kind schlägt zu. Ohne Vorwarnung – zack! Was ist da passiert?

Es ist ganz typisch, dass zurückbleibende Zwillinge andere

Kinder schlagen. Insbesondere im Alter zwischen zwei und fünf Jahren, wenn sich die Emotionsregulation erst noch ausbilden muss. Es gibt zwei Gründe, wieso die Kinder zuschlagen:

Erstens sind sie frustriert darüber, dass ihr Plan, gemeinsam mit dem Zwilling in diese Familie hineingeboren zu werden, nicht aufgegangen ist. Sie erleben Frust, wann immer ein Plan nicht aufgeht. Erfüllt sich eine Situation nicht so, wie sie sich das ausgemalt haben, fühlen sie sich unweigerlich an die vermeintliche Abweisung des Zwillings erinnert. In der pränatalen Situation konnten sie ihre Emotionen nicht ausdrücken. Umso heftiger kommen sie später zutage. Macht ein Spielkamerad nicht das, was sie wollen, zeigen sie in dieser Situation ihren ganzen Frust, der eigentlich dem Zwilling gilt. Weil der Zwilling physisch nicht anwesend ist und somit kein Gegenüber darstellt, braucht die Wut einen anderen Adressaten.

Zweitens erlebte das Kind nach dem Tod des Zwillings intrauterin emotionale Leere. Wenn es nun aber ein anderes Kind schlagen kann, erfährt es einen körperlichen Widerstand, der ihm hilft. Da ist ein spürbares Gegenüber, dem man eine Reaktion entlocken kann. Es tut den Kindern manchmal tatsächlich gut, wenn der geschlagene Spielkamerad heftig reagiert und zurückschlägt oder schreit. Das Schwierige am Verlust des Zwillings war unter anderem die fehlende Reaktion. Der Zwilling ist einfach gegangen, ohne dass das Kind etwas dagegen tun konnte. Zurück blieb eine Art Vakuum. Indem das Kind nun mit anderen Kindern die Erfahrung machen kann, dass diese reagieren, selbst wenn es eine negative Reaktion ist, gibt dies dem Kind das Gefühl von Macht. Die Macht etwas bewirken zu können. Damit kann es die erlebte Hilflosigkeit ausgleichen und verarbeiten. Plötzlich fühlt es sich stark. Und wahrgenommen. Wenn ich angeschrien werde oder jemand zurückschlägt, so sieht und hört er mich. Deswegen ist es für die lebenden Zwillinge wohltuend, wenn sie sich heftig streiten können. Dann fühlen sie sich nicht mehr ignoriert und hilflos. Die Wut kann sich auch den Eltern gegenüber zeigen. Sei es ebenfalls durch

Schlagen, dies vor allem bei zwei- bis dreijährigen Kindern, oder damit, dass die Kinder sich sonst auffällig verhalten und alles nach ihrem Kopf gehen muss.

Sarina ist vier Jahre alt und treibt ihre Eltern zur Verzweiflung, weil sie kein Nein akzeptiert. Jedes Mal wenn ihre Eltern Nein sagen, schreit und stampft Sarina laut auf. Noch bevor ihre Eltern mir erzählen, wie sich das Zusammenleben mit ihr gestaltet, sehe ich neben Sarina die Präsenz einer weiteren Seele. Zur Überraschung der Eltern eröffne ich ihnen, dass Sarina eine Zwillingsschwester hat. Da fällt der Mutter ein, dass sie tatsächlich etwa in der 13. Schwangerschaftswoche Blutungen gehabt hatte. Da die Schwangerschaft nachher problemlos verlief, hat niemand mehr daran gedacht.

Warum kann Sarina kein Nein akzeptieren? Ihre Schwester hat sich gegen das Leben und somit gegen die Gemeinsamkeit mit Sarina entschieden. Daher ist jedes weitere Nein für sie nicht zu ertragen. Die Eltern nehmen die Nachricht über den Familienzuwachs sehr positiv auf und sprechen von da an häufig mit Sarina über die Zwillingsschwester. Sarina bleibt ein sehr temperamentvolles Mädchen, doch wenn es wirklich sein muss, kann sie inzwischen ein Nein akzeptieren, ohne dass sie schreien und stampfen muss.

Es ist ein typisches Verhalten für zurückbleibende Zwillinge, dass sie bei den Eltern exzessiv Grenzen suchen. Sie machen in voller Absicht alles, was verboten ist. Sie testen die Liebe der Eltern. Als der Zwilling gegangen ist, hatten sie keine Ahnung, was sie falsch gemacht haben, dass es dazu gekommen ist. Selbstverständlich haben sie gar nichts falsch gemacht, sie haben den Tod des Zwillings nicht verursacht! Und sie hätten ihn auch nicht verhindern können. Nun ist es für die Kinder essenziell wichtig, dass sie spüren, dass die Liebe der Eltern zuverlässig ist, was immer sie auch anstellen. Damit finden sie mit der Zeit wieder zu der inneren Sicherheit, die ihnen bereits in den ersten Schwangerschaftsmonaten abhandengekommen ist.

Die Botschaft des Kindes

Wenn ein Kind wütend ist, weil es seinen Zwilling verloren hat, sagt es mit seiner Wut: »Bitte sag Ja zu mir.«

Das Kind bittet die Spielkameraden, Ja zu seinen Ideen zu sagen. Dann fühlt es sich von den anderen angenommen. Es bittet seine Eltern, unter allen Umständen Ja zu ihm zu sagen, gleichgültig, welches Verhalten es zeigt. Dahinter versteckt ist die eigentliche Botschaft an den Zwilling: »Ich hätte mir so gewünscht, dass du Ja zu mir gesagt hättest.« Weil diese Botschaft aber im luftleeren Raum verhallt, wird das Kind wütend.

Es gibt noch einen zweiten Grund, warum Kinder mit einem abwesenden Seelengeschwisterchen andere Kinder schlagen. Es ist der Schmerz darüber, dass die falschen Kinder hier sind. Dies zeigt sich nicht nur in der Zwillingsthematik, sondern generell bei ignorierten Seelenkindern. Ich komme nochmals auf das Beispiel von Noel zurück:

Noels Mutter erzählt mir, dass es Momente gebe, in denen Noel »austickt«, wie wild um sich schlägt, schreit, manchmal sogar auf die Eltern losgeht. Gehen sie auf den Spielplatz, schlägt er ohne ersichtlichen Grund andere Kinder. Teilweise sogar mit der Sandkastenschaufel. Ist der Sturm vorbei, so wird er ganz müde und schläft ein. Im Nachhinein weiß er nichts mehr von seinem Ausraster. Die Eltern wissen sich keinen Rat mehr.

Noel hat einen großen Bruder, der nicht leben konnte und den er schmerzlich vermisst. Mit wem er auf dem Spielplatz auch spielen darf, für ihn fühlt es sich immer nach einer Art Trostpreis an. Lilli, Tobi und Leo sind da, doch sein Bruder, den er doch so vermisst, ist nie da. Der Einzige, mit dem er wirklich spielen will, steht nicht zur Verfügung. Das Schlagen der anderen Kinder ist eine Trotzreaktion. Eine Reaktion, die nur leider das Problem nicht löst. Die anderen Kinder können ja auch nichts dafür, dass sie die Falschen sind.

Falls auch Ihr Kind übermäßige Wutausbrüche durchlebt, können Sie ihm helfen, indem Sie ihm einen anderen Weg zeigen, die Wut auszudrücken. Die beschriebenen Möglichkeiten helfen auch Kindern, die aus anderen Gründen häufig wütend werden.

Übung »Wutritual«

Wut ist eine gute Emotion. Nur müssen die Kinder lernen, sie auf eine positive Art auszudrücken. Wenn Sie Ihrem Kind die Gelegenheit bieten, dass es in regelmäßigen Abständen ein Ventil für seine Aggressionen bekommt, so nehmen diese ab. Ich empfehle daher ein wöchentliches Wutritual.

Variante 1: »Stampfen und schimpfen«
Nehmen Sie sich mit Ihrem Kind mindestens eine Viertelstunde Zeit. Die Regel während des Rituals ist, dass man alle Schimpfwörter sagen darf, die man sonst nicht benutzt. Sie können auch rhythmische Musik auflegen und dann gemeinsam mit dem Kind heftig auf den Boden stampfen und laut die Schimpfwörter aufsagen, noch besser schreien.

So können die Emotionen in einem geschützten Rahmen ausgedrückt werden. Machen die Eltern mit, animiert das die Kinder, sich darauf einzulassen. Diese Variante ist insbesondere für schüchterne und introvertierte Kinder ab drei Jahren geeignet.

Variante 2: »Schlagen erlaubt«
Geben Sie Ihrem Kind ein großes Kissen oder wenn Ihr Kind älter ist als acht Jahre einen Boxsack. Darauf darf das Kind einschlagen, wann immer es das Bedürfnis hat.

Dies ist insbesondere für Jungs eine gute Variante, ihre Kräfte einzusetzen und die Wut körperlich auszudrücken, ohne dabei jemandem Schaden zuzufügen. Jungs brauchen die Möglichkeit, Wut über den Körper auszuleben, sonst stauen sich die Emotionen zu sehr an.

Variante 3: »Mein Freund, der Baum«
Gehen Sie mit Ihrem Kind in den Wald und erlauben Sie ihm, einen Baum anzuschreien oder mit einem Ast auf einen Baumstrunk einzuschlagen.

Diese Variante ist die Kombination aus den oberen beiden. Sie macht viel Spaß, zumal der Aufenthalt im Wald an sich schon eine ausgleichende Wirkung hat und die Kinder energetisch wieder ins Gleichgewicht bringt. Bäume wandeln negative Energien um in positive. Somit eignen sie sich gut als Stellvertreter, die man anschreien darf.

Wut auf die Eltern

Ich habe schon angedeutet, dass Kinder mitunter wütend auf ihre Eltern sind. Diese Wut kann so weit gehen, dass kleine Kinder ihre Eltern schlagen. Es gehört in die normale Entwicklung eines Kindes, dass es irgendwann andere Menschen schlägt. Kinder müssen erst lernen, dass dieses Verhalten nicht erwünscht ist. Wenn Kinder das aber nicht nur hin und wieder tun, sondern auffallend oft, dann lohnt es sich, genauer hinzuschauen.

In der Praxis beobachte ich immer wieder ein spannendes Phänomen. Ich erzähle Ihnen dazu ein Beispiel, das sich so ähnlich immer wieder ereignet.

Eine Mutter meldet sich bei mir, weil ihr Sohn aggressiv ist. Die Familie hat zwei Kinder, Jeremy (vier Jahre) und Sania (sechs Jahre), die beide bei der Behandlung dabei sind. Schon bei der Begrüßung fällt mir auf, dass alle sehr laut sprechen. Die Kinder preschen in den Praxisraum und schreien sich an; es scheint ganz so, als ob sie nicht in normaler Lautstärke kommunizieren könnten. Die Mutter versucht über den Lärm hinweg mit mir zu reden, um mir zu erklären, dass die Aggressivität von Jeremy sie völlig fertigmacht. Er schlägt seine Schwester täglich und geht manchmal sogar auf die Mutter los. Ich spüre, dass Jeremy nicht nur impulsiv ist, er wirkt vielmehr wie elektrisiert und kann sich kaum beherrschen. Mir ist völlig klar, was da los ist, und so sage ich zur Mutter: »Sie hatten eine Abtreibung, nicht wahr?« Die Mutter schaut mich perplex an und fragt: »Woher wissen Sie das?«

Nun, ich weiß es aus Erfahrung. Wenn Kinder nicht nur auffallend aggressiv, sondern auch laut sind, ohne dass es einen direkten Anlass dafür gibt, dann ist die Wahrscheinlichkeit hoch, dass sie unbewusst etwas Verborgenes mitteilen wollen. Wird aus der Abtreibung ein Geheimnis gemacht, dann schreien die Kinder die Wahrheit in die Welt hinaus – es versteht sie nur niemand.

In solchen Situationen nehme ich Holzfiguren zu Hilfe und stelle alle Familienmitglieder auf, das abgetriebene Kind an seinen richtigen Platz in der Familienhierarchie. Meist mache ich das mit der Mutter allein, während die Kinder am anderen Ende des Raumes etwas spielen. In dem Moment, in dem die Mutter sich der Figur des abgetriebenen Kindes zuwendet, wird es still im Raum. Immer. Egal wie alt die Kinder sind. Auf einmal spielen Jeremy und Sania ganz ruhig und entspannt miteinander. Als ob man mit einer Nadel in einen Ballon gestochen hätte. Die Luft ist draußen, und es wird ganz still. Ist es der Mutter in diesem Moment möglich, Emotionen zu zeigen, so kann man sicher sein, dass es nicht lange dauert, bis Jeremy sein Spiel unterbricht, zur Mutter kommt und sagt: »Ich hab dich lieb.«

Die Kinder sind wütend auf die Eltern, weil sie ihnen ein Geschwisterkind vorenthalten haben. Sie sind wütend, weil die Eltern diesem Kind die Chance auf Leben verweigert haben. Erst wenn die Eltern das abgelehnte Kind wieder ins Herz schließen, kühlt die Wut der lebenden Geschwister ab.

Claudia kommt mit ihrer Tochter Saskia (vier Jahre) zu mir, weil die Kleine sehr viel Aufmerksamkeit einfordert. Die beiden haben keine einfache Beziehung zueinander. Sehr schnell finde ich heraus, dass die Mutter vor Saskia ein Kind verloren hat. Ich erkläre ihr, wie wichtig dieses Kind ist, und dass es die Beziehung zu Saskia vereinfachen wird, wenn das erste Kind seinen Platz in der Familie bekommt. Das hilft enorm, die beiden erleben eine schöne Zeit zusammen. Etwa drei Jahre lang höre ich nichts von der Familie. Dann kommt Claudia mit ihrem kleinen Sohn, der noch ein Baby ist, vorbei und beklagt sich, dass Saskia auf einmal heftige Wutausbrüche hat, die über eine Stunde dauern können. Sie wolle gern ohne Saskia vorbeikommen, um das Problem zu besprechen. Mir kommt das Ganze komisch vor, und ich frage nach, wie denn die letzten Jahre verlaufen sind. Da erfahre ich von Claudia, dass sie überraschend schwanger geworden ist. Der Zeitpunkt hat für sie aber nicht gestimmt und deswegen hat sie das Kind abgetrieben. Kurz darauf hat sie realisiert, dass sie doch noch ein Kind haben möchte. So ist ein paar Monate später ihr kleiner Sohn zur Welt gekommen. Saskia hatte schon das erste Seelenkind vermisst, jetzt ist sie wütend, weil die Mutter einem der Kinder bewusst das Recht auf Leben verweigert hat. Ich mache mit der Mutter eine Familienaufstellung, und sie bedankt sich dabei bei ihrem Seelenkind dafür, dass es den Weg geebnet hat für den kleinen Sohn. Nach einer Weile bekomme ich von der Mutter eine E-Mail, in der sie mir schreibt, die Wutanfälle von Saskia wären wie weggeblasen.

Dieses Beispiel zeigt sehr eindrücklich, wie sensibel Geschwister auf die Familienkonstellation reagieren. Die emotionalen Fragen einer Abtreibung können heftig zum Ausdruck kommen.

Kinder sind nach einer Abtreibung wütend auf die Eltern, weil sie unbewusst gewahr werden, dass jemand ausgeschlossen wurde. Als ob sie sehen könnten, wie Peter Pan verzweifelt versucht, wieder zur Mutter ins Zimmer zu gelangen. Nur dass die Mutter oder der Vater diejenigen waren, die die Gitterstäbe vor dem Fenster haben anbringen lassen.

Die Botschaft des Kindes

Die emotionalen Folgen einer Abtreibung können heftig zum Ausdruck kommen. Mit seiner Wut sagt das Kind zu den Eltern: »Ihr seid schuld!«

Mit Schuld ist Verantwortung gemeint. Ein Schwangerschaftsabbruch liegt immer in der Verantwortung derjenigen, die sich dafür entscheiden. Falls auch Sie sich für eine Abtreibung entschieden haben, können Sie die Familiensituation entspannen, indem Sie innerlich die Verantwortung dafür ganz übernehmen.

Neben der Wut haben die Kinder noch ein quälendes Gefühl, das sie in ihrem Wohlbefinden beeinträchtigt: Sie empfinden die Abtreibung als Bedrohung. Da spielt es keine Rolle, ob die Abtreibung stattgefunden hat, lange bevor sie selbst zur Welt gekommen sind, oder erst als sie schon da waren. Dass die Eltern sich gegen ein Kind entschieden haben, verunsichert die Kinder zutiefst. Sie befürchten, sie selbst könnten auch einmal von der Ablehnung betroffen sein.

Was Sie jetzt vielleicht erstaunt: Es beunruhigt die Kinder dann, wenn aus dem Schwangerschaftsabbruch ein Geheimnis gemacht wird. Das fühlt sich an wie ein dunkles Loch innerhalb des Familiensystems, in das man jederzeit hineinfallen könnte.

Vom Familiengeheimnis zum Familienschatz

Die wenigsten Eltern erzählen ihren Kindern von einer Abtreibung. Ich weiß nicht, warum das so ist. Vielleicht weil man die Kinder nicht belasten will? Oder weil man nicht weiß, wie man das erklären soll? Man macht lieber ein gut gehütetes Geheimnis daraus. Dazu sollte man jedoch etwas wissen: Je größer das Geheimnis, umso größer seine Wirkung. Das gilt für alle Familiengeheimnisse. Sie richten mehr Schaden an, als dass sie Gutes bewirken. Die Wahrheit hingegen wirkt entlastend. Selbst wenn sie noch so schlimm ist.

Ich rate Ihnen als Eltern, den Kindern irgendwann von der Abtreibung zu erzählen. Natürlich auf kindgerechte Art und dem Alter des Kindes entsprechend. Einem vierjährigen Kind würde ich nicht die Gründe darlegen, warum die Eltern sich gegen das Geschwisterkind entschieden haben, sondern bloß mitteilen, dass es den Eltern nicht möglich war, dieses Kind zu bekommen. Ein behutsames Gespräch ist ab dem Schulalter möglich, wenn die Kinder in ihrer kognitiven und moralischen Entwicklung schon so weit sind, dass sie verschiedene Standpunkte verstehen können und wissen, dass nicht jede Situation mit »richtig« oder »falsch« beurteilt werden kann. Spätestens im Teenageralter ist es sehr wichtig, dass die Kinder die ganze Wahrheit erfahren. Die Wahrheit wirkt prophylaktisch – sie schützt Ihr Kind davor, das unheilvolle Gefühl von Bedrohung innerhalb der Familie mit eigenen Problemen wie zum Beispiel einer Suchtthematik zu kompensieren. Sie schützt Ihr Kind auch davor, sich selbst die Lebenserlaubnis zu verweigern und in eine Magersucht oder sonstige Krankheit zu flüchten.

Wann der richtige Zeitpunkt für ein solches Gespräch gekommen ist, das ist sehr individuell. Wichtig ist, dass sich die Eltern innerlich bereit fühlen, mit ihren Kindern darüber zu reden.

Wenn man offen darüber spricht, erkennt man an, was geschehen ist. Die Frage der Schuld sollte dabei nicht im Vordergrund stehen. Wichtig ist nur, dass man zu seiner Entscheidung und ihren Konsequenzen steht. Ein abgetriebenes Kind gehört genauso zur Familie wie die lebenden Kinder. Wird es verschwiegen, gewinnt es an Macht, die ihm nicht zusteht und keinem guttut. Dann werden das Seelenkind und die Abtreibung zu groß. Spricht man darüber, wird sie zu einem Teil des Lebens. Im Leben gibt es immer schöne und schwere Teile. Als solches gilt es die Abtreibung anzusehen. Ein schwerer Teil, der das Leben im Ganzen aber komplett macht.

Eine Abtreibung hat nicht in jeder Familie das gleiche Gewicht. Aber sie hat immer eine Wirkung. Ich möchte hier keine Debatte über die Sinnhaftigkeit von Abtreibungen führen, aber es ist mir doch wichtig zu vermitteln, dass Abtreibungen emotionale Spuren in der Familie hinterlassen und nicht gedankenlos als Verhütungsmittel eingesetzt werden sollten.

Kommt es zu einer Abtreibung, so ist es wichtig, dass die Eltern dem Kind einen großen Platz in ihrem Herzen geben und sich innerlich dem Kind zuwenden. Wenn sich die Eltern gleich nach der Abtreibung mit dem Seelenkind auseinandersetzen und sich psychologisch-spirituelle Unterstützung suchen, um die Entscheidung zu verarbeiten, kann statt eines Familiengeheimnisses auch ein Familienschatz daraus werden. Vielleicht hat das Kind dazu beigetragen, dass die Eltern sich nach der Abtreibung besser um sich selbst kümmern. Vielleicht erkennt die Mutter, dass sie niemals Kinder möchte und lieber eine Karriere als Schauspielerin anstrebt. Vielleicht spürt der Vater die Liebe des Kindes, auch wenn er meint, er sei zu jung, um schon Verantwortung zu tragen, und fühlt sich dadurch gestärkt. Oder die Eltern erkennen nach der Abtreibung eines Kindes, dessen Schwangerschaft nicht geplant war, dass sie sich doch Kinder wünschen. Gerade wenn es für die Eltern aber kein fassbares Happy End gibt, ist es wichtig, sich mit dem ungewünschten Kind auseinanderzusetzen und es innerlich nicht zu verleugnen.

Streit und Mobbing als Zeichen ungeklärter Geschwisterhierarchie

Mit Geschwistern aufzuwachsen, ist eine große Chance. Diese spezielle Form der Beziehung erlaubt es Kindern, ihren Umgang mit anderen Menschen zu trainieren. Die erlebte Nähe zwischen den Geschwistern ermöglicht viele gemeinsame Interaktionen. Können die Geschwister eine gute Beziehung zueinander aufbauen, profitieren sie bis ins Erwachsenenleben davon. Geschwister sind Menschen, die miterlebt haben, wie man sein Ich entwickelt hat. Sie wissen, wie man geworden ist. Darum sind sie wichtige Begleiter der eigenen Persönlichkeitsentwicklung.

Streiten ist normal

Jede Schwester und jeder Bruder nervt auch einmal – streiten gehört quasi zum guten Ton. Die geschwisterliche Auseinandersetzung ist ein gutes Übungsfeld fürs spätere Leben. Durch Streiten lernen die Kinder, mit Emotionen umzugehen. Mit den eigenen und mit denen der anderen. Sie lernen, eine eigene Position zu vertreten und sich durchzusetzen. Gleichzeitig erfahren sie, dass ein anderer Mensch nicht zwingend die gleichen Ansichten und Gefühle hat wie sie selbst. So realisieren sie, dass jede Situation aus verschiedenen Blickwinkeln betrachtet werden kann und es unter Umständen wichtig ist, dass man einen

Kompromiss findet. Das Streiten führt zur Erkenntnis, dass Menschen unterschiedlich sind und es wichtig ist, diese Unterschiede anzuerkennen. Wenn Kinder streiten dürfen, entwickeln sie Durchsetzungskraft und die Fähigkeit zum Perspektivenwechsel. Beides sind wertvolle Elemente der Persönlichkeitsentwicklung. Ganz wichtig ist, dass Kinder nicht nur lernen, sich zu streiten, sondern auch sich wieder zu versöhnen.

Aber auch das Kräftemessen ist ein normaler Aspekt geschwisterlicher Streitkultur. Wenn mich eine Mutter von drei Jungs fragt, ob es normal sei, dass die Jungs jeden Tag Wettbewerbe veranstalten, um herauszufinden, wer größer und stärker ist, dann kann ich sagen: Ja, das ist normal. Jungs, in welchem Alter auch immer, wollen eine klare Hierarchie, und sie wollen jeden Tag aufs Neue herausfinden, wer schneller Rad fahren oder höher springen kann. Es macht auch keinen Sinn, ihnen diese Wettbewerbe zu verbieten, im Gegenteil. Sie brauchen diese Möglichkeit, sich mit anderen zu vergleichen, um ihre Identität zu entwickeln.

Je kleiner der Altersunterschied zwischen den Geschwistern, umso mehr wird gestritten. Das kommt daher, dass es beim Streiten sehr oft darum geht, die Aufmerksamkeit der Eltern zu gewinnen. Kinder kämpfen um die Zuneigung und Anerkennung ihrer Eltern. Sind die Kinder in etwa im gleichen Alter, ist die Konkurrenz untereinander größer. Beträgt der Altersunterschied vier Jahre oder mehr, hat jedes Kind sein eigenes Leben und ganz andere Dinge, mit denen es sich beschäftigt. Je weniger direkte Konkurrenzsituationen es gibt, umso seltener wird gestritten. So wird zumindest aus pädagogischer Sicht argumentiert.

Und doch kann man Geschwister nicht ersetzen, wenn man als Einzelkind aufgewachsen ist. Kinder, die nur ihre Eltern als Begleiter haben, müssen die soziale Interaktion in einer Gruppe von Gleichaltrigen oder Gleichgesinnten erst erlernen.

Übermäßiger Streit unter Geschwistern

Es gibt Geschwisterkonstellationen, in denen übermäßig häufig gestritten wird. Neben der Häufigkeit fällt die übertriebene Intensität auf. Die Mütter erzählen mir dann, ihre Kinder würden sich »bis aufs Blut« streiten oder sie würden sich »die Köpfe einschlagen«. Die Zermürbung der Eltern wird von Hilflosigkeit begleitet, weil die gängigen Maßnahmen, einen Streit zu beenden, bei den Geschwistern nicht wirken. Oder weil die streitfreie Zeit sehr kurz ist, da die Kinder sich »von morgens bis abends« streiten.

Ich zeige gern die spirituellen Aspekte auf, die es bei übermäßigem Streit unter Geschwistern zu beachten gilt.

Damit das Familiengefüge nicht ins Wanken kommt, ist es wichtig, dass die Kinder ihren Platz in der Geschwisterreihenfolge kennen. Kennen sie ihren Platz nicht, führt das zu Schwierigkeiten unter den Geschwistern und kann sogar die Erfahrungen der Kinder in anderen sozialen Gruppen negativ beeinträchtigen.

In der Familie ist es so, dass es aus der Zeugungsreihenfolge heraus eine klare Hierarchie gibt. Darum ist es nicht nur für Jungs, sondern auch für Mädchen ganz wichtig, dass sie diese Hierarchie kennen. Steht nämlich jemand auf dem falschen Platz, weil man ein Seelenkind vergessen hat, versuchen die Kinder mittels Streiten, die Hierarchie wiederherzustellen. Mehrere Aspekte müssen dabei berücksichtigt werden.

Wenn jemand den Platz eines Seelenkindes eingenommen hat, fühlt er sich größer, als er wirklich ist. Wie ein aufgeblasener Ballon. Die Geschwister reagieren negativ darauf, denn sie finden, diese Position stünde demjenigen nicht zu. Das muss geändert werden. Und wie geht das am besten? In dem man demjenigen gehörig die Meinung sagt. Die Kinder wissen nicht, dass sie sich deswegen streiten. Sie spüren einfach, dass etwas an der Reihenfolge nicht stimmt, und sie suchen die beste und stimmigste Variante. Nur dass sie die untereinander niemals finden werden, da jemand fehlt.

Insbesondere wenn das erste Kind der Familie ein Seelenkind ist, gibt es Hierarchieprobleme, weil der Anführer fehlt. Eine Gruppe braucht einen Anführer, und unter den Geschwistern ist der Erstgezeugte die Nummer eins. Das heißt nicht, dass Nummer zwei, drei und vier innerhalb der Familie weniger wert sind als die Nummer eins. Aber sie sind nicht die Nummer eins. Vor ihnen war schon jemand da. Vor ihnen haben sich die Eltern bereits auf jemanden gefreut. Vor ihnen mussten die Eltern schon jemanden verabschieden. Es gab bereits eine Geschichte, bevor sie gekommen sind. Wird dieses erste Seelenkind nicht beachtet, so streiten sich die anderen Kinder darum, wer die Nummer eins sein darf. Und alle verlieren. Also müssen sie am nächsten Tag wieder herausfinden, wer heute die Nummer eins ist.

Nicht nur die unbekannte Hierarchie löst Streitigkeiten aus. Ich habe bereits gesagt, dass manchmal der Falsche anwesend ist. Wenn eines der Geschwisterkinder ein bestimmtes Seelenkind stark vermisst, so ist es wütend auf seine Geschwister. Die Geschwister dürfen hier sein, während das Seelenkind in der geistigen Welt ist. Dieser Frust führt unweigerlich zu Streit, weil die lebenden Geschwister die Sehnsucht nach dem verlorenen Seelengeschwisterchen nicht stillen können. Was immer sie auch machen. Es ist, als ob die Kinder mit dem Streit zur Schwester oder zum Bruder sagen würden »Du bist nicht gut genug für mich«. Oftmals können die Kinder gar keinen Grund für den Streit angeben. Fragen die Eltern nach, so bekommen sie die Antwort: »Er nervt mich einfach!« Diese Gefühle können sehr stark sein, sodass die Kinder selbst darunter leiden. Bevor sie von ihrem Seelengeschwisterchen wissen, können sie aber nichts dagegen tun. Sie sind diesen Gefühlen ausgeliefert. Fehlen gleich mehrere Seelenkinder in einer Familie, ist die gefühlte Spannung für die Geschwister noch größer. Die Kinder halten die Spannung nicht aus und suchen nach einem Ventil. Nach einem heftigen Streit fühlen sie sich kurzfristig besser. Das ist derselbe Effekt wie bei einem Gewitter. Die Spannung konnte sich entladen, die Luft ist gereinigt und die Sonne kommt wieder hervor.

> **Die Botschaft des Kindes**
> Ein Kind, das dauernd und ohne ersichtlichen Grund Streit mit seinen Geschwistern hat, sagt damit: »Ich suche meinen Platz.«

Es möchte wissen, welcher Platz ihm innerhalb der Familie zusteht. Und es möchte klarstellen, dass ein anderes Geschwisterkind ebenfalls auf dem falschen Platz steht. Es spürt, dass die Geschwisterreihenfolge anders wäre, als es in der Familie gelebt wird, und empfindet dies als ungerecht. Weil ein Platz nicht bewusst ausgefüllt wird beziehungsweise weil dem Seelenkind sein Platz nicht zugestanden wird, wirkt diese Leerstelle als Reizfaktor. Kinder benötigen Harmonie, um emotional ausgeglichen zu sein. Es hilft, wenn sie von der energetisch richtigen Reihenfolge erfahren. Selbst wenn es unter Umständen passieren kann, dass ein Kind »vom Thron gestürzt wird«. Nämlich dann, wenn das erste Kind ein Seelenkind ist und die Nummer zwei immer als Nummer eins behandelt wurde. Je größer das Kind ist, umso größer die Wahrscheinlichkeit, dass es im ersten Moment etwas irritiert ist. Meist geht es aber sehr schnell, und die Kinder gewöhnen sich an die neue, alte Reihenfolge und fühlen sich sogar erleichtert.

Übung »Die richtige Reihenfolge«

Wenn Sie ein Seelenkind in der Familie haben, so nehmen Sie sich einen Moment Zeit, dies mit Ihren Kindern zu besprechen. Zum Schluss sagen Sie zu jedem Kind, das wievielte Kind der Familie es ist. Wir erinnern uns an Noel, der einen älteren Bruder hätte. Seine Eltern würden also zum Beispiel sagen: »Noel, du bist mein zweites Kind.« Und zu seiner Schwester würden sie sagen: »Jeanine, du bist mein drittes Kind.« Sind die Kinder bereits in der Schule, so können sie auch selbst laut aussprechen, auf welchem Platz sie stehen: »Ich bin Noel, das zweite Kind meiner Eltern.«

An dieser Stelle muss ich erwähnen, dass die Reihenfolge in Patchwork-Familien unter Umständen kompliziert ist.

Herr Kindler hat in erster Ehe zwei Kinder. Inzwischen lebt er mit seiner neuen Partnerin zusammen und hat mit ihr noch einen Sohn bekommen. Seine Partnerin hatte während der Beziehung mit ihrem Expartner eine Fehlgeburt ganz früh in der Schwangerschaft. Für ihren gemeinsamen Sohn Lukas bedeutet das Folgendes: Er ist das erste gemeinsame Kind, aber das dritte Kind seines Vaters und das zweite Kind seiner Mutter.

Es ist für Lukas ganz entscheidend, dass für die Berechnung der Hierarchie beide Familienseiten mit einbezogen werden. Gilt er als die Nummer eins, so hat er es schwer. Kinder mögen Hierarchien, denn sie geben Halt.

Also lassen Sie Ihr Kind wissen, das wievielte Kind es ist. Der richtige Platz ist immer auch der angemessene, der, auf dem man sich wohl fühlt.

Sind Kinder auf dem falschen Platz, kann das noch weitaus verheerendere Folgen haben als nur Geschwisterstreitigkeiten.

Mobbing als Folge des Vergessens eines Seelenkindes

Neuere Statistiken belegen, dass in jeder Schulklasse einmal ein Kind zum Mobbingopfer wird.[15] Somit ist es die meist verbreitete Form von Gewalt an Schulen. Von Mobbing spricht man dann, wenn ein einzelnes Kind gezielt und über einen längeren Zeitraum systematisch schikaniert wird. Dazu gehört, dass das Kind gehänselt wird, dass es von Gruppenaktivitäten wie Geburtstagspartys ausgeschlossen wird, dass seine persönlichen Sachen beschädigt oder versteckt werden. Im schlimmsten Fall kann es zu Tätlichkeiten kommen. Schon allein ein verbaler Angriff, der regelmäßig stattfindet, muss als Mobbing angesehen werden, wenn mehrere Schulkameraden daran beteiligt sind. Das gemobbte Kind hört fast täglich Sätze wie: »Emil ist doof!« Oder auch: »Emil stinkt!« Hin und wieder geäußerte Hänseleien sind noch kein Mobbing. Wenn ein Kind aber täglich oder zumindest mehrmals pro Woche verbal oder anderweitig angegriffen beziehungsweise bewusst ausgegrenzt wird, so gilt es, dies ernst zu nehmen. Mobbing ist immer ein Gruppenphänomen. Spricht man von Mobbing, so ist es nicht eine Streitsituation zwischen zwei einzelnen Kindern, es sind immer mehrere aus der sozialen Gruppe beteiligt. Die einen, indem sie aktiv bei der Hetzjagd mitmachen, die anderen, weil sie nichts dagegen unternehmen. Die einzelnen Taten mögen von außen betrachtet gar nicht so schwerwiegend sein. Belastend wird es erst, wenn sich die Momente, in denen das Kind von seinen Kameraden geplagt oder bloßgestellt wird, häufen.

Sie können erkennen, dass Ihr Kind gemobbt wird, wenn es plötzlich nicht mehr gern zur Schule geht. Wenn es immer weniger über die Schule erzählt, gleichzeitig zu Hause aber aggressiv reagiert. Wenn es auf einmal Äußerungen macht, die auf fehlendes Selbstvertrauen schließen lassen, wie »Ich bin so blöd! Ich kann das sowieso nicht!« Wichtige Indizien sind auch häufige Schäden an seinen Schulutensilien oder gar blaue Flecken oder Schürfwunden an seinem Körper, ohne dass Ihr Kind erzählt, wie es dazu gekommen ist. Es ist nicht immer einfach, die Signale zu erkennen, da die gemobbten Kinder dazu tendieren, nichts von ihren Problemen zu erzählen. Sie wollen alles selbst lösen oder getrauen sich nicht, das Problem anzusprechen, weil sie befürchten, dass die Situation in der Schule daraufhin nur schlimmer wird. Die Kinder fühlen sich alleingelassen und verlieren nicht nur das Vertrauen in sich, sondern auch das Vertrauen in die Lehrpersonen, weil diese nichts gegen die Schikane unternehmen (können). Da eine Mobbingsituation normalerweise monatelang andauert, glauben sie nicht mehr daran, dass sich etwas ändern könnte.

Mobbing ist eine Herausforderung für die Lehrpersonen und die Eltern, und es ist in der Tat nicht immer einfach, diese Gruppendynamik zu durchbrechen. Es gibt den *No Blame Approach*, in dem aus der Klasse Schüler ausgewählt werden, die eine Art Hilfsgruppe für das Mobbingopfer bilden. In diese Gruppe werden sowohl Kinder genommen, die als aktive Täter das Mobbing betreiben, als auch Kinder, die dem geplagten Kind helfen möchten. So lässt sich manchmal die Situation verbessern.

Sie als Eltern sollten sich auf jeden Fall an die Lehrpersonen oder Schulleitungen wenden, wenn sie den Verdacht haben, dass Ihr Kind in der Schule gemobbt wird. Zudem lohnt es sich, weitere Fachpersonen wie Familientherapeuten oder Kinderpsychologen hinzuzuziehen.

Wissenschaftlich lassen sich keine allgemeingültigen Merkmale festmachen, die typisch sind für Kinder, die zum Mobbingopfer werden. Die Gruppe der Mobbingopfer ist erstaunlich heterogen. Traurig ist, dass wer als Kind zum Mobbingopfer wurde, diese Rolle oftmals bis ins Erwachsenenalter mitschleppt und im späteren Leben Mühe hat, sich einen stabilen Freundeskreis aufzubauen. Oft wiederholen sich die Erfahrungen selbst im Berufsleben. Menschen, die eine solche Mobbingerfahrung machen mussten, gelingt es nur schwer, in Gruppen eine neue, beliebte Rolle einzunehmen.

Wieso ist das so? Ich habe in meiner Arbeit eine interessante Beobachtung gemacht: Alle Kinder, die wegen Mobbings zu mir in die Praxis kamen, hatten ein verlorenes Geschwisterkind.

Die Familiensituation als Grundmuster der Gruppenerfahrung

Schauen wir uns einmal die häufigsten Ausprägungen des Mobbings unter Kindern an. Die Kinder werden von den anderen ignoriert, die Kommunikation mit ihnen wird verweigert, sie stehen allein irgendwo auf dem Schulhof, sie werden wie Luft behandelt oder ausgelacht und bekommen beleidigende Spitznamen. Nicht selten kommt es zu Gewaltandrohungen. Hinter all dem steckt eine Botschaft der Kameraden an das Kind, und die lautet: »Du bist anders als wir und darum gehörst du nicht dazu.« Ob das Kind wirklich anders ist oder nicht, spielt keine Rolle. Es wird durch die Handlungen der Schulkameraden in dieses Anderssein gedrängt. Dies passiert meiner Erfahrung nach den Kindern, die in der Familie auch jemanden haben, der anders ist und nicht dazu gehört.

Emil (neun Jahre) wird seit längerem in der Schule massiv gehänselt. Häufig kommt er mit kleinen Verletzungen oder zerrissenen Kleidern nach Hause. Auf der Klassenfahrt wollte ihn niemand im Gruppenschlafraum aufnehmen. Die Lehrerin hat sich schlussendlich dafür entschieden, das Los entscheiden zu lassen, bei wem Emil im Zimmer schlafen wird. Das Klassenlager wurde für Emil zur Tortur. Für die Eltern ist es ganz schwer, ihn liebevoll zu begleiten, weil er zu Hause auf einmal auffallend frech ist und nicht auf die Eltern hören

will. Jeden Morgen sagt er zu seiner Mutter, er wolle nicht mehr in die Schule gehen.
Ich habe Emil begleitet, seit er vier Jahre alt war. Seine Mutter kam damals zu mir, weil Emil Schlafstörungen hatte. Seit ich die Familie kenne, hatte die Mutter nach Emil drei Fehlgeburten. Sie selbst arbeitet zu 80 Prozent als Anwältin und hat bei keinem der Kinder Zeit gefunden zu trauern. Immer war etwas anderes wichtiger. Jeder Versuch, den ich gemacht habe, ihr die Wichtigkeit der verlorenen Kinder deutlich zu machen, hat sie weit von sich gewiesen. Sie wünscht sich aber sehnlichst noch ein Kind. Erst als ich ihr die Dynamik betreffend Mobbing erklärt habe, ist sie hellhörig geworden.

Wenn Seelenkinder in der Familie ignoriert werden, man nicht von ihnen erzählt und ihnen jede Bedeutung für die Familie abspricht, überträgt sich dieses Muster unter Umständen auf die Geschwister, die in der Schule oder in einem Verein aus einer Gruppe ausgeschlossen werden. Dahinter steckt das Prinzip der Resonanz: »Gleiches zieht Gleiches an und wird durch Gleiches verstärkt. Ungleiches stößt einander ab.«

Es besagt, dass ich das, was ich in mir trage, im Außen erleben werde. Das heißt, dass wir Menschen wie ein Magnet Situationen anziehen, die mit uns und unserer Gefühlsverfassung übereinstimmen. Wenn ich gestresst und übermüdet kurz vor Feierabend in den Supermarkt stürze, um noch schnell etwas fürs Abendessen zu besorgen, werde ich bestimmt von einer genervten Kassiererin bedient, die es gar nicht schätzt, dass ich vergessen habe, die Karotten zu wiegen, und mich deswegen anblafft. Ich habe Stress ausgestrahlt und bin beim Gegenüber ebenfalls auf Negativität gestoßen. Die Kassiererin spiegelte mit ihrem Verhalten meine eigene Gefühlslage. Wenn ich hingegen lächelnd durch die Straßen meiner Lieblingsstadt München ziehe, kann ich sicher sein, dass irgendjemand zurücklächelt oder mich gar nett anspricht. So funktioniert das Prinzip der Resonanz.

Ein Kind, das in einer Familie aufwächst, die jemanden bewusst oder unbewusst ausschließt, läuft Gefahr, diese Ausschlusssituation außerhalb der Familie auch zu erleben. Nur dass diesmal nicht jemand anders, sondern eben das Kind ausgestoßen wird. Weil es dieses Thema mit sich trägt und somit ausstrahlt. Die anderen Kinder spüren intuitiv, dass das Kind mit dem Thema Außenseitersein in Resonanz geht.

Die Botschaft des Kindes

Wird ein Kind, das ein oder mehrere Seelengeschwisterchen hat, die in der Familie nicht beachtet werden, Opfer von Mobbing, so sagt das Kind damit: »Ausgeschlossenwerden ist bei uns normal.« Wenn das Kind in der Familie spürt, dass jemandem die Wichtigkeit abgesprochen wird, überträgt sich das auf seine Gruppenerfahrung. Das Kind solidarisiert sich unbewusst mit dem Seelenkind, das in der Familie vergessen wird, und sagt damit: »Mir geht es so wie dir.«

Somit wird die eigene Mobbingerfahrung zum Liebesbeweis für das Seelenkind.

Einzelkinder, die mehrere Seelengeschwister haben, sind besonders gefährdet, ein Mobbingopfer zu werden. Bei ihnen zeigt sich die umgekehrte Dynamik. Sie fühlen sich unbewusst innerhalb der Geschwistertruppe als Außenseiter. Sie sind das einzig lebende Kind, während die anderen im Tod vereint sind. Sie erleben sich selbst als getrennt von den Geschwistern. Und das Gefühl, dass sie nicht dazugehören, wird in einer sozialen Gruppe wie der Schulklasse praktisch umgesetzt.

Aus diesen Gründen verwundert es nicht, dass gruppendynamische Interventionen innerhalb der Schulklasse bei Mobbing nicht immer Wirkung zeigen. Wenn die Resonanz stärker ist als die Intervention, so wird sich die Situation nur schwer oder gar nicht lösen lassen. Ich habe Kinder begleitet, die selbst nach einem Schulwechsel nach kurzer Zeit wieder die gleichen Mobbingerfahrungen gemacht haben wie an der alten Schule. Erst als wir der Sache auf den Grund gingen und ein Seelenkind in die Familie aufgenommen haben, konnten sie auf einmal Freundschaften knüpfen und das Muster durchbrechen.

Ich möchte hier nicht behaupten, dass alle Mobbingopfer Seelengeschwister haben. Das müsste man genauer untersuchen. Aber ich kann sagen, dass viele Kinder, die wegen einer Mobbingerfahrung bei mir waren, Seelengeschwister hatten, von denen sie nichts wussten. Die Eltern hingegen schon. Die Eltern dieser Kinder waren sich immer bewusst, dass sie andere Kinder verloren haben. Es war ihnen aber nicht bewusst, wie wichtig diese Kinder für die Familie sind, und dass es großen Schaden anrichten kann, wenn man die Seelenkinder ignoriert. Gern erkläre ich Ihnen noch eine Übung, wie Sie ein Seelenkind in der Familie integrieren können:

Übung »Unsere Familie als Schachbrett«

Setzen Sie sich als Familie zusammen und nehmen Sie ein weißes Blatt Papier. Zeichnen Sie ein Schachbrett mit der gleichen Anzahl von Feldern wie die Anzahl Ihrer Familienmitglieder, und weisen Sie jedem ein Feld zu. Das wichtigste: Zeichnen Sie auch ein Feld für Ihr Seelenkind.

Ein Schachbrett zeichnet sich dadurch aus, dass alle Felder exakt gleich groß sind. Damit wird symbolisiert, dass jeder einzelne Platz innerhalb der Familie gleich wichtig ist. Jedes Feld ist sichtbar abgegrenzt von den anderen Feldern. Dies symbolisiert, dass sich jeder auf sich konzentrieren darf.

Eine Variante der Übung ist es, einen Kreis zu zeichnen und wie bei einem Kuchendiagramm gleich große Felder einzuzeichnen. Die Darstellung kann in beiden Fällen mit Fotos oder Zeichnungen gestaltet werden.

Erklären Sie Ihrem Kind, dass dieses Bild zeigen soll, dass auch das Seelenkind in der Familie einen eigenen Platz hat und in das Gesamtbild mit hineingehört. Sie können das Schachbrett oder Kuchendiagramm für eine Weile gut sichtbar bei sich zu Hause aufhängen. Somit wird niemand mehr ausgeschlossen, alle gehören dazu.

Selbstverständlich können Sie diese Übung auch machen, wenn keines Ihrer Kinder unter Mobbing leidet. Es ist eine wunderbare Art, Ordnung in die Familie zu bringen. Ist diese Ordnung gestört, so kann sich die daraus resultierende Schwierigkeit auf vielfältige Weise manifestieren. Leider kann es sogar dazu kommen, dass jemand aus der Familie krank wird.

Krankheitssymptome als Zeichen für familiäres Ungleichgewicht

Das Ungleichgewicht in der Familie, das bei Nichtbeachten eines Seelenkindes entsteht, kann negativen Einfluss auf das körperliche Wohlbefinden der Familienmitglieder nehmen. Oder einfacher gesagt: Das Vergessen von Seelenkindern kann die Eltern und Geschwister krank machen.

Krankheit als Botschaft der Seele

Um diese letzte Dynamik gut erklären zu können, möchte ich zuerst etwas über mein Verständnis von Krankheit sagen. Mit meinen Ansichten folge ich der Tradition von Rüdiger Dahlke und Louise Hay, die beide Krankheit als Ausdruck eines seelischen Ungleichgewichts beschreiben. Wird der Körper krank, so steckt dahinter eine Botschaft der Seele beziehungsweise des Unterbewusstseins, davon bin ich überzeugt. Der Krankheit geht immer eine energetische Blockade voraus, die entweder aus einem emotionalen Schmerz oder einem nicht wahrgenommenen Thema des Unterbewusstseins entsteht. Wird die Blockade nicht aufgelöst, manifestiert sich das Ungleichgewicht im Körper. Gesundheit zeichnet sich dadurch aus, dass der Mensch heil an Körper und Seele ist. Rüdiger Dahlke zeigt auf, dass körperliche Symptome entstehen, wenn es dem Menschen an Bewusstheit für ein bestimmtes Thema fehlt.[16] Der Körper versucht dann mithilfe des betreffenden Symptoms auf dieses

Thema hinzuweisen. So erlebe ich das auch in meiner therapeutischen Arbeit. Der Körper erzählt uns eine Geschichte – oft auch eine, die wir nicht hören wollen. Wenn wir nicht einsehen wollen, dass wir zu viel arbeiten, bekommen wir eine Erkältung. Wenn wir nicht einsehen wollen, dass acht Stunden am Stück lernen selbst vor einer Abschlussprüfung zu viel sind, bekommen wir Kopfschmerzen. Es gibt mannigfaltige Beispiele für die Ausdrucksweise des Körpers.

Bestimmt haben Sie auch schon die Erfahrung gemacht, dass Ihr Körper Ihnen mittels Schmerzen oder anderer Beschwerden etwas mitteilen wollte! Für mich ist die Trennung in »körperliche Krankheit« und »psychosomatische Krankheit« insofern obsolet, weil hinter allen körperlichen Leiden ein seelisch-emotionales Thema steckt. Kann man dieses Thema ergründen, so kann der Körper schneller heilen. Ulrich Warnke sagt dazu: »Geist steuert die Materie unseres Körpers in jedem Augenblick unseres täglichen Lebens.«[17] Was wir fühlen und denken hat direkten Einfluss darauf, wie es unserem Körper geht.

Sehr oft helfen Krankheiten dabei, dass man innerhalb der eigenen Persönlichkeitsentwicklung einen wichtigen Schritt weiterkommt. Dies gilt für Kinder genauso wie für Erwachsene. Kinder werden oft krank, wenn sie entscheidende neue Dinge lernen wie laufen, allein auf den Spielplatz gehen, den Schnuller abgeben und so weiter. Die Krankheitsphase dient dann als Übergang zu einer neuen Entwicklungsstufe. Gerade Fieber hat eine reinigende Wirkung und hilft den Kindern dabei, Altes hinter sich zu lassen, sodass sie bereit sind für etwas Neues. Die typischen Kinderkrankheiten sind so etwas wie Entwicklungshelfer. Bei Erwachsenen ist es eher so, dass wir dann krank werden, wenn wir uns einem anstehenden Entwicklungsschritt verweigern. Jemand, der spürt, dass die Arbeitsstelle nicht länger passt, es aber nicht wagt zu kündigen und damit den nächsten Schritt zu tun, läuft unweigerlich Gefahr, sich beim Skifahren das Bein zu brechen. In Familien kann sich die Situation komplexer gestalten: Kinder springen oftmals für ihre Eltern ein und übernehmen deren Themen. Sie werden gewissermaßen »für die Eltern« krank. Fühlt sich der Papa nicht in der Lage, seinem Vorgesetzten endlich die Meinung zu sagen, und macht stattdessen unbezahlte Überstunden, bekommt das Kind einen heftigen Husten. Die Verbundenheit des Kindes mit den Familienmitgliedern kann sich auf verschiedene Weise zeigen. Und einmal mehr besteht die Möglichkeit, dass hinter einem immer wiederkehrenden Krankheitssymptom eines Kindes ein nicht beachtetes Seelenkind verbirgt.

Übergewicht

In den Medien ist des Öfteren zu erfahren, dass im Vergleich zu früheren Jahren mehr Kinder an Übergewicht leiden. Dies mag einerseits an veränderten Essgewohnheiten und an Bewegungsmangel liegen, andererseits ist es eine der auffallendsten Ausdrucksmöglichkeiten für familiäres Ungleichgewicht, deren Kinder sich bedienen.

Ich beobachte zwei Entstehungswege für kindliche Adipositas, deren Ursprung in der Liebe zu einem Seelenkind liegt. Zum einen drückt sich der unbewusste Wunsch dem Seelenkind Raum zu geben über den eigenen Körper aus. Die Geschwisterkinder nehmen dann sinnbildlich Raum für zwei Personen ein. Sie verdoppeln ihr Körpergewicht, um zu kompensieren, dass das Seelenkind keinen eigenen Körper hat. Das Seelenkind konnte nicht inkarnieren, was nichts anderes heißt, als dass es kein körperliches Wesen werden konnte. Es ist nicht Mensch geworden. Das Geschwisterkind hingegen schon. Deswegen dehnt es unbewusst den eigenen Körper aus. Diese Form des Übergewichts entsteht bei ganz normalen Essgewohnheiten. Es ist ein Akt der Liebe und hat nichts damit zu tun, wie viel ein Kind isst. Das ist für die Kinder besonders schwierig, weil sie sichtbar zu nehmen, ohne dass sie sich falsch ernähren. Den gleichen

Effekt gibt es übrigens auch bei Erwachsenen. Dies zu beschreiben würde in diesem Buch aber zu weit führen.

Zum anderen wirkt auch hier die unbewusste Idee des Kindes, für sein ungeborenes Geschwisterchen mit leben zu wollen. Ist das der Fall, so erscheint das Kind unersättlich und isst tatsächlich zu viel. Nie hat es genug – gleichgültig wie viele Süßigkeiten es bereits gegessen hat, es verlangt immer noch nach mehr. Ich selbst habe im Alter von acht oder neun Jahren regelmäßig geschlagene fünf Teller Spaghetti in einer Mahlzeit verdrückt. Hätten mich meine Eltern nicht gebremst, ich hätte selbst nicht gemerkt, dass ich längst satt war. Inzwischen habe ich das zum Glück gelernt...

Hinter dem übermäßigen Essensdrang steht bei Kindern in dem Kontext das Gefühl, es reiche nie, weil sie nicht nur für sich sorgen. Ganz unbewusst versuchen sie, all das zu bekommen, was das Leben dem Seelenkind verweigert hat: Aufmerksamkeit, Liebe, feines Essen. Dieser Hunger, dem Seelenkind eine Teilhabe am Leben zu ermöglichen, wird aber nie gestillt. Das ganze Konzept ist in sich unsinnig. Man kann nicht für jemand anderen mit leben. Dem Verstand leuchtet das sofort ein, das Herz hingegen versucht es trotzdem.

Die Botschaft des Kindes

Kinder, die ein Seelenkind als Geschwisterchen haben und stark übergewichtig werden, sagen damit: »Ich esse für zwei.« Was eine Spielart der bereits bekannten Botschaft »Ich lebe für dich mit« ist. Das Ganze entsteht mittels einer verborgenen Logik: »Weil du nicht sichtbar bist, zeige ich mich doppelt so deutlich.«

Das Integrieren des Seelenkindes durchbricht diese Logik, und in der Folge beginnen sanfte Umstellungen der Essgewohnheiten sehr schnell zu wirken. Damit Ihr Kind nicht länger versucht, dem Seelenkind eine Verkörperungsmöglichkeit zu bieten, können sie einen Stellvertreter für das Seelenkind finden.

Übung »Einen Platzhalter aufstellen«

Suchen Sie gemeinsam mit Ihrem Kind eine schöne Nippesfigur, ein Plüschtier, eine kleine Statue oder Ähnliches, das Sie zu Hause aufstellen können. Diese Figur verkörpert ab sofort das Seelenkind. Indem Sie dem Seelenkind eine irdische Gestalt geben, kann Ihr lebendes Kind wieder in eine angemessene Form zurückfinden und muss nicht mit dem eigenen Körper versuchen, das Seelenkind zu »verkörpern«.

Bettnässen

Bettnässen ist bestimmt eines der großen Themen kindlicher Symptomatik. Das unkontrollierbare Austreten von Urin während des Schlafes ist ein multifaktorielles Phänomen, das heißt es gibt mehrere Ursachen dafür. Von der primären Enuresis spricht man, wenn ein Kind nie trocken geworden ist. Die sekundäre Enuresis tritt bei Kindern auf, die für mindestens sechs Monate trocken waren und danach wieder einnässen.[18]

Kinder im Vorschulalter können wieder einnässen, wenn sie das Gefühl haben, sie müssten die Aufmerksamkeit der Eltern auf sich lenken. Nasse Leintücher und volle Windeln kann man schlecht ignorieren. Ganz ähnlich wie Tiere mittels Urinspuren ihr Territorium markieren, versuchen auch Kleinkinder ihren Raum abzustecken. Das passiert oft bei der Geburt eines Geschwisterkindes, wenn die Mutter nach Jahren zu Hause plötzlich wieder auswärts arbeitet oder wenn die Kinder in die Kita kommen. Wenn sich in ihrem Umfeld etwas Entscheidendes ändert, versuchen sie ihren Platz und ihre Wichtigkeit innerhalb der Familie zu demonstrieren. Ganz allgemein kann es in Zeiten passieren, in denen sich das Kind vernachlässigt fühlt. Je älter das Kind ist, umso belastender ist die ganze Situation. Für die Eltern ist es mühsam, weil andauernd das Bett frisch bezogen werden muss und damit die Menge der zu waschenden

Wäsche massiv ansteigt. Das Kind selbst schämt sich für das nächtliche Malheur und ist sozial eingeschränkt. Gerade wenn die ersten Klassenfahrten geplant sind, kommen viele Familien unter Handlungsdruck, wenn das Kind nachts noch nicht trocken ist.

Man geht davon aus, dass in Europa rund fünf Millionen Kinder nachts einnässen. Bei den Vierjährigen macht eins von zwölf Kindern mindestens zweimal pro Woche oder häufiger ins Bett. Gelegentliches Einnässen passiert immer noch einem von fünf Kindern. Die nächtliche Inkontinenz tritt bis ins Schulalter auf. Bei den neunjährigen Kindern ist es noch eins von zwölf Kindern, das ins Bett macht. Jungs sind häufiger betroffen als Mädchen. Als körperliche Ursache gilt die mangelnde Produktion eines Stoffs namens Vasopressin, der auf die Nieren einwirkt und signalisiert, die Urinproduktion in der Nacht zu verlangsamen. Wird im Körper des Kindes zu wenig Vasopressin produziert, muss die Blase während der Nacht die gleichen Mengen Urin bewältigen, wie sie das sonst tagsüber macht. Weil das entsprechende Signal fehlt, wachen die Kinder nicht auf, obwohl sie die Blase entleeren müssten.[19]

Neben den körperlichen Ursachen gibt es mehrere psychologische Faktoren, die das Bettnässen begünstigen, insbesondere bei älteren Kindern. Sehr häufig hat es mit erlebtem Druck in der Schule oder auch im Elternhaus zu tun. Wenn ein geringes Selbstwertgefühl dazukommt, wird die Symptomatik noch verstärkt. Die Kinder möchten alles richtig machen und strengen sich den Tag über zu sehr an. Kommen sie dann im Schlaf in die Entspannung, tauchen sie so tief ab, dass sie die Körpersignale nicht mehr wahrnehmen und den Druck auf die Blase nicht spüren, selbst wenn genügend Vasopressin produziert wird.

Familiäre Themen können ebenfalls mit dem Bettnässen in Verbindung stehen. Es gibt Familien, in denen sich das Phänomen quasi vererbt. Der Vater litt als Kind unter Bettnässen und dem Sohn geht es ebenso. Wenn zum Beispiel das Thema »Mann werden« in der Familie belastet ist, kann das eine schwächende

Wirkung auf das Sakralchakra des Jungen haben. Das Sakralchakra beeinflusst mit seiner Energie die Blase und kann sie stärken oder eben schwächen. Vielleicht ist der Großvater früh verstorben, und im Familiennetz ist deswegen gespeichert, dass es gefährlich ist, ein Mann zu werden. Oder die Mutter hätte lieber eine Tochter statt eines Sohnes gehabt. Solche Familieninformationen können auf die Kinder einwirken, besonders wenn sie nicht ausgesprochen werden.

Es gibt noch andere Familienkonstellationen die für das Bettnässen verantwortlich sind:

Valentina (neun Jahre) kam zu mir, weil sie nachts sehr häufig einnässt. Ihre Mutter stresst das enorm, und die beiden haben deswegen häufig miteinander Streit. Auch für Valentina selbst ist die Situation sehr belastend, doch kann sie nichts dagegen machen. Wenn sie am Morgen aufwacht, ist das Bett nass, ohne dass sie während der Nacht gemerkt hätte, dass sie zur Toilette musste. Dies obwohl sie sonst ein sehr aufmerksames Mädchen ist. Ihre Schulleistungen sind sehr gut, ohne dass sie unter Leistungsdruck leiden würde. Valentina ist das älteste Kind. Der Abstand zur jüngeren Schwester beträgt fünf Jahre. Sie hat miterlebt, wie ihre Mutter vor ein paar Jahren eine Fehlgeburt hatte. Als Valentina und ihre Mutter bei mir in der Praxis sind, erzählt die Mutter von sich aus, dass sie nicht nur eine, sondern drei Fehlgeburten hatte, bevor Valentinas jüngere Schwester zur Welt kam. Valentina hört das zum ersten Mal. Das ist ein sehr berührender Moment: Mutter und Tochter fallen sich weinend in die Arme, und Valentina sagt, dass sie das immer gespürt habe. Es ist offensichtlich, wie gut es für sie ist, die ganze Familiengeschichte zu kennen. Im Anschluss an das Gespräch bekommt Valentina eine energetische Behandlung, um die entstandene Blockade zu lösen.

Ich bitte Valentina, dass sie aus ihrer Sicht erzählt, wie sie das alles erlebt hat. Dazu stelle ich ihr Fragen und sie schreibt ihre Antworten auf:

»Valentina, wie hast du dich während der ersten Behandlung gefühlt?«

»Am Anfang war ich etwas nervös, aber ich habe mich gefreut, dass mir jemand helfen kann. Während der Behandlung fühlte ich mich anders, positiv anders.«

»Wie war das für dich, als du von den Seelenkindern erfahren hast?«

»Ich bin erschrocken, weil ich gar nicht wusste, dass meine Mutter so viele Fehlgeburten hatte, und das hat mich traurig gemacht.«

»Wie ist es dir nach der Behandlung ergangen?«

»Ich habe mich gut gefühlt, weil ich sonst gar nie gewusst hätte, wie viele Fehlgeburten meine Mutter wirklich hatte, und das wäre für immer ein Geheimnis geblieben.«

»Was habt ihr gemacht, um die Seelenkinder in der Familie zu integrieren?«

»Wir haben beim Gotthard Steine geholt, und dann hat meine Mutter weiße Herzen draufgemalt, und dann haben wir die Steine in der Küche an ihrem Platz aufgestellt.«

Obwohl Valentina etwas Trauriges erfahren hat, ging es ihr nachher besser. Zuvor hat sie unbewusst auf das Fehlen der drei Geschwister reagiert. Sie hat mitbekommen, dass etwas nicht stimmt und sich deswegen körperlich und emotional verkrampft. Bis die jüngere Schwester geboren wurde, mussten ihre Eltern, die sich immer schon viele Kinder gewünscht haben, dreimal ein Kind loslassen. Das jeweils kleinste in der Familie verschwand und Valentina blieb mit ihren Eltern allein zurück. Ihre Liebe und Solidarität den Eltern gegenüber hat sich auf körperlicher Ebene als Problem manifestiert.

Die Botschaft des Kindes

Kinder, die nach einer Fehlgeburt in der Familie einnässen, ob sie von der Fehlgeburt wissen oder nicht, sagen damit: »Ich bleibe klein.«

Diese Botschaft richtet sich meist an die Mutter. Die Kinder wollen ihrer Mutter das verlorene Kind ersetzen, indem sie selbst in einem Bereich ihres Lebens im Entwicklungsstadium eines Kleinkinds verharren, in der Hoffnung, dass die Mama dann weniger traurig ist über den Verlust des Babys. Die Kinder weigern sich, selbstständig und unabhängig zu werden. Wenn man nachts einnässt, kann man nur zu Hause schlafen, und so hat die Mama jemanden, um den sie sich kümmern kann.

Hat ein Kind die Fehlgeburt miterlebt, so kann es zu Schockreaktionen kommen, die schlussendlich zu einer körperlichen Blockade führen. Und die Blockade verhindert, dass die Kinder die Ausscheidungen richtig kontrollieren können. Der Schock bleibt als Verkrampfung im Bauch gespeichert, und die Energie kann nicht mehr frei fließen. Dies kann nicht nur zu Verdauungsproblemen, sondern auch zu einer Blasenschwäche führen. Dann ist es nicht mehr ein Liebesbeweis an die Mama, sondern eine eigene Problematik, die man mittels verschiedener Körpertherapieformen lösen kann.

Auch bei allen anderen Ursachen für das Bettnässen empfiehlt es sich, dem Kind eine Körpertherapie anzubieten. Da unser Körper alle Erfahrungen speichert und sensibel auf unsere emotionale Befindlichkeit reagiert, kann man sich das zunutze machen, indem man gewissermaßen den Spieß umkehrt. Man löst über den Körper das versteckte Thema. Manchmal gelingt das auch, ohne dass man das Thema kennt oder benennt. Die Körperintelligenz genügt, um das Problem zu lösen. Und der Besuch bei der Therapeutin oder beim Therapeuten wirkt allein schon heilsam, weil das Kind damit die gewünschte Aufmerksamkeit seiner Eltern bekommt.

Heuschnupfen

Eine Allergie entsteht als Folge eines Schocks. Wenn ein Mensch einer Situation ausgesetzt ist, die für ihn besonders schwierig ist und die ohne Vorwarnung auftaucht, so speichert sich das Gefühl der Überforderung im Körper ein. Bei Nahrungsmittelallergien kann man das sehr deutlich erkennen. Wenn der Mensch nach der Schocksituation etwas isst, koppelt der Körper dieses Nahrungsmittel mit dem Gefühl des Schocks und wird jedes Mal Alarm schlagen, wenn ihm diese Speise wieder zugeführt wird. Deswegen kann man auf Lebensmittel allergisch sein, die für andere Menschen keinerlei Belastung darstellen und die an sich gesund sind. Unser Körper ist grundsätzlich den Anforderungen des Lebens gewachsen. Da unser Leben aber entscheidend von unseren Gefühlen geprägt wird, können negative Gefühle heftige Körperreaktionen hervorrufen. Das Schöne daran ist: Wenn wir unsere Gefühle verstehen und heilen können, kann sich auch der Körper erholen. Sofern nicht bereits eine lebensbedrohende Situation entstanden ist. Es lohnt sich daher immer, die Signale des Körpers ernst zu nehmen und sie möglichst schnell zu entschlüsseln.

Eine der verbreitetsten Allergien ist der Heuschnupfen. Für Kinder ist er besonders mühsam und anstrengend. Wir stellen uns vor: Es ist Frühling, die Bäume stehen farbenprächtig in Blüte, auf den Wiesen blühen Gräser und Blumen, die Vögel beginnen zu singen. Man spürt, wie die ganze Welt dem Leben zustrebt und wie sich die kollektive Lebenskraft nach dem Winter aufbäumt. Die Ruhezeit ist vorbei, die Welt wird wieder aktiv. Ausgerechnet in dieser lebendigen und sich wandelnden Zeit leiden viele Menschen. Sie bekommen Schnupfen, die Augen tränen, und obwohl es draußen so schön ist, bleiben sie lieber in der Wohnung oder hoffen, es möge regnen. Sie können nicht mit dem Fluss des Lebens mitgehen, weil ihr Körper sie ausbremst.

Es gibt verschiedene Ursachen für die Entstehung von Heuschnupfen. Bei Kindern verbirgt sich dahinter oft die Thematik des verlorenen Zwillings.

Rüdiger Dahlke führt aus, dass hinter jeder Allergie eine ungelebte Aggression steckt.[20] Die Wut der verlassenen Zwillinge habe ich bereits ausführlich im Kapitel »Wutausbrüche von Kindern« beschrieben. Kinder, die ihre Wut nicht ausleben, laufen Gefahr, stattdessen Heuschnupfen zu kriegen. Dies hat mit der pränatalen Verlusterfahrung zu tun. Die Blütenpollen symbolisieren bei dieser Allergie die Samenzellen des Vaters. Nach der Zeugung haben sich zwei Kinder entwickelt, nur ist das eine frühzeitig verstorben. Der Tod des Zwillings fühlte sich für das lebende Kind an wie ein Angriff. Das Gefühl, man werde angegriffen, führt zu einem Schock. Wenn sich dieser Schock nicht lösen kann, sucht sich der Körper des Kindes eine Möglichkeit, diesen Schock auszudrücken. Die Blütenpollen im Frühling lösen im Körper ebenfalls das Gefühl eines Angriffs aus, gegen den der Körper sich zu wehren versucht.

Die Botschaft des Kindes

Ein Kind, das intrauterin den Tod seines Zwillings miterlebt hat und daraufhin Heuschnupfen entwickelt, sagt damit: »Ich bin allergisch auf das Leben.«

Die Jahreszeit, in der die Lebenskraft in die Natur zurückkehrt, ist für das Kind anstrengend, weil seine Lebenskraft, als sie zu erblühen begann, durch den Schock des Verlusts gebremst wurde. Hinzu kommt, dass die Kinder sich unbewusst schuldig fühlen können, weil sie am Leben sind, während das Geschwisterkind sterben musste. Das ist ebenfalls ein ganz wichtiger Gefühlsaspekt, der als Reaktion auf den Verlust auftreten kann. In gemäßigter Form haben teilweise auch Geschwister dieses Schuldgefühl, die ein Seelengeschwisterchen verlieren, das nicht ihr Zwilling ist. Ihr Unterbewusstsein kann nicht nachvollziehen, wieso sie selbst leben dürfen, während das andere

Kind keine Chance hatte. Das kann so weit gehen, dass die Kinder meinen, sie hätten dem Seelenkind etwas weggenommen. Daraus resultiert das Gefühl: »Ich bin es nicht wert, dass mich das Leben unterstützt.« Also werden sie allergisch auf das Leben beziehungsweise eben auf die in der Natur wirkenden Kräfte.

Bei Heuschnupfen sind tränende Augen ein bekanntes Symptom. Der Körper findet ein Ventil für die ungeweinten Tränen. Wenn die Kinder verstandesmäßig nichts von ihrem Seelengeschwisterchen wissen, können sie nicht bewusst trauern. Weil die Trauer trotzdem in ihren Körper eingespeichert ist, »weinen« die Augen aufgrund eines äußeren Reizes. Dies löst den Druck zumindest kurzfristig.

Da Heuschnupfen ein komplexes Krankheitsbild ist, kann ich Ihnen leider keine einfache Übung präsentieren, mit der Sie das Problem in den Griff bekommen könnten. Sie können mit Ihrem Kind alle im Buch vorgestellten Übungen machen, diese wirken auf jeden Fall unterstützend auf den Heilungsprozess. Daneben lohnt es sich, mit Bioresonanz-Therapie, Akupunktur oder Homöopathie die Symptome zu behandeln, um dem Körper Ihres Kindes dadurch Linderung zu verschaffen. Wenn Sie Ihrem Kind vermitteln können, dass sein Leben ein Geschenk ist, das es aus vollem Herzen annehmen darf, dann helfen Sie ihm damit noch ein großes Stück weiter.

Bauchschmerzen

Bauchschmerzen sind bestimmt eines der häufigsten Symptome, unter denen Kinder leiden. Es gibt unzählige verschiedene Arten von Bauchschmerzen. Mögliche Auslöser für kindliche Bauchschmerzen sind falsches Essen, Nervosität, Parasiten, ein Infekt, Traurigkeit, nicht selten auch Müdigkeit.

Der Bauch gilt als Zentrum unseres Körpers, das in engem Zusammenhang mit unseren Gefühlen steht. Man spricht nicht umsonst vom Bauchgefühl. Oberhalb des Bauchnabels befindet sich ein wichtiges Chakra. Der Solarplexus steht für das Ich-Gefühl und die Art und Weise, wie ich mich in der Welt wahrnehme. Es ist der Sitz des Selbstwertgefühls und der Emotionen. Ist das Chakra ausgeglichen, leuchtet es wie eine gelbe Sonne. Dann spürt der Mensch seine innere Mitte und fühlt sich stark. Da sich der Solarplexus in etwa auf der Höhe des Magens befindet, sind viele vermeintliche Bauchschmerzen eigentlich eine Blockade des Solarplexus, die sich als Schmerz bemerkbar macht, obwohl organisch kein Problem besteht. Viele Kinder kommen wegen ungeklärter Bauchschmerzen zu mir. Auch auf der energetischen Ebene gibt es mannigfaltige Gründe, warum ein Kind Bauchschmerzen bekommt. Sie ahnen es schon: Seelenkinder können ein Grund für die häufig auftretenden Bauchschmerzen ihrer Geschwister sein.

Ich erzähle Ihnen gern ein Beispiel, das, obwohl es so zauberhaft daherkommt, keineswegs einmalig ist. Solche Situationen und vor allem solche Erklärungen für Bauchschmerzen höre ich immer wieder.

Während einer energetischen Behandlung nehme ich bei Mia (acht Jahre) wahr, dass sich eine zweite Seele in ihrem Aurafeld befindet. Sie klagt oft über diffuse Bauchschmerzen, deswegen ist sie bei mir in Behandlung.
Ganz sanft lege ich ihr meine Hand auf den Bauch. Innerlich lade ich die zweite Seele ein, das Aurafeld der Schwester zu verlassen. Ich spreche das aber nicht aus, da ich Mia nicht erschrecken möchte. Da erklärt sie mir von sich aus, sie habe einen Engel im Bauch und deswegen manchmal Bauchweh. Ich frage Mia, ob sie den Engel brauche. Irgendwie schon, findet sie. Meine Frage, ob ich ihn aus dem Bauch nehmen darf, verneint sie vehement. So schlage ich vor, den Engel der Mutter zurückzugeben. Das gefällt ihr. Nachdem sich die Seele aus ihrem Aurafeld gelöst hat, atmet sie tief durch und sagt:

»Jetzt habe ich mehr Platz. Jetzt kann ich gut atmen.« Die Mutter hat sich liebevoll mit dem Seelenkind verbunden und es in ihr Herz geschlossen. Mia hat seit diesem Tag keine Bauchschmerzen mehr.

Nicht immer können Kinder die Lösung selbst so treffend beschreiben wie Mia. Bauchschmerzen und Verstopfung können Folgen davon sein, dass ein Seelengeschwisterchen im Aurafeld des Kindes mitgetragen wird. Nur ist das für das lebende Kind sehr anstrengend und wenig hilfreich.

Nach Louise Hay steckt hinter dem Symptom der Bauchschmerzen eine Angst.[21] Wenn wir Angst empfinden, so krampft sich automatisch der Bauch zusammen. Schockenergie ist ebenfalls immer im Solarplexus sichtbar. Schock und Angst blockieren unser Ich-Gefühl und führen dazu, dass sich die eigene Energie zu wenig ausdehnen kann. Stattdessen zieht sie sich krampfartig zusammen. Haben Kinder einen Zwilling verloren, sitzt der Schock noch lange Zeit in ihrem Bauch. Gleichzeitig getrauen sie sich aufgrund ihrer Schuldgefühle nicht, die eigene Energie ganz auszudehnen, weil sie meinen, damit dem Zwilling erst Recht Platz wegzunehmen.

Barbara kam gemeinsam mit ihrem Mann zu mir in die Praxis, weil ihre Tochter Nuria unter starken Bauchschmerzen und Verstopfung litt. Nuria hatte oft tagelang keinen Stuhlgang, und wenn es dann geklappt hat, war es immer mit Schmerzen verbunden. Barbara erzählt selbst, wie ihre Familie die Tatsache aufgenommen hat, dass die Bauchschmerzen durch eine energetische Verkrampfung ausgelöst wurden, die mit dem Verlust der unbekannten Zwillingsschwester von Nuria zusammenhing.

»Wir waren zu Tränen gerührt, als wir erfuhren, dass unsere Tochter ganz früh in der Schwangerschaft eine Zwillingsschwester hatte. Unsere dreijährige Tochter war offensichtlich erleichtert, dass auch wir Eltern nun von der Existenz ihrer

Schwester wussten, da für sie die frühe Trennung immer noch mit Schmerz verbunden war. Da Weihnachten kurz bevorstand, haben wir dann zu Hause ein kleines Ritual abgehalten und für alle Kinder – es waren nun plötzlich drei – eine Kerze angezündet. Wir haben für sie einen Namen ausgesucht und einige Lieder gesungen, als ob sie uns hören könnte. Bei mir als Mutter hat es viel erklärt: Endlich konnte ich verstehen, weshalb ich dieses starke Gefühl hatte, dass die Familie nur mit drei Kindern komplett sei, obwohl ich rational gesehen mit der Familienplanung abgeschlossen hatte und mehr als dankbar für die zwei gesunden Kinder war. Es fehlte einfach etwas. Eigentlich sind es nun drei Kinder, und seitdem ich von der Zwillingsschwangerschaft wusste, fühlte sich die Familie vollständig an. In den ersten Wochen nach dieser Nachricht überkam mich oft Trauer, dass ich das Mädchen nicht im Hier und Jetzt kennenlernen durfte. Eine eigenartige Sehnsucht nach dieser unbekannten Seele machte sich breit. Nach einigen Monaten haben sich diese Gefühle aber gelegt, und heute denke ich in gewissen ruhigen Momenten in Liebe an das Mädchen und freue mich einfach, dass sie bei uns war oder ist, auch wenn ich mir nicht genau ausmalen kann, wie ich mir ihre Existenz vorstellen soll. Es gibt eine Verbindung zwischen uns, und ich bin sehr dankbar für das Wissen, dass es sie gibt.«

Nurias Verdauung hat sich langsam reguliert, die Bauchschmerzen sind verschwunden.

Die Botschaft des Kindes

Kinder, die ein Seelenkind in ihrer Aura tragen, sagen damit: »Ich teile meine Energie mit dir.«

Dahinter steckt natürlich auch das Unvermögen, den Zwilling loszulassen. Wenn ich sage, die Kinder »tragen den Zwilling mit«, so ist damit nicht gemeint, dass die ganze Seele des Zwillings in der Aura des Geschwisterkindes hängt. Sind die Seelenkinder in der Aura eines anderen Menschen sichtbar, bedeutet dies, dass diese beiden Menschen energetisch sehr stark miteinander verbunden sind. Die Verbindung führt zu einer energetischen Verschmelzung. Gerade wenn die Verschmelzung im Bauchbereich passiert, kann die Energie da nicht mehr frei fließen, und es kommt zu einem Stau. Sie können sich das vorstellen wie bei einem Stausee. Ist zu viel Energie gestaut, führt das zu Schmerzen. Menschen, die ihren eigenen Körper nicht sehr gut wahrnehmen, werden dabei bloß einen leichten Druck verspüren. Kinder und sehr sensitive Menschen können es durchaus als Schmerz empfinden. Viele Schmerzen werden durch gestaute Energie verursacht.

Übung »Sonne im Bauch«

Wenn Ihr Kind häufig unter Bauchschmerzen leidet, können Sie ihm sanft die Hand auf den Bauch legen. Gemeinsam mit Ihrem Kind visualisieren Sie eine hellgelb leuchtende Sonne im Bauch Ihres Kindes. Zu Beginn ist die Sonne vielleicht ganz klein, mit der Zeit dehnt sie sich über den Bauch Ihres Kindes aus. Je größer die Sonne wird, umso weiter können Sie Ihre Hand ganz langsam vom Bauch Ihres Kindes wegziehen.

Kinder können sich die Sonne sehr gut vorstellen und spüren, wann die Energie zu fließen beginnt. Sie dürfen es also Ihrem Kind überlassen, das Tempo dieser Übung zu bestimmen.

Die Farbe Gelb hat einen positiven Effekt auf den Solarplexus, weil dieser in nicht blockiertem Zustand ebenfalls gelb leuchtet. Mit gelben T-Shirts oder Bettlaken können Sie Ihrem Kind zusätzlich Gutes tun, um die Bauchschmerzen loszuwerden.

Dauernde Müdigkeit

Kinder können noch auf ganz andere Weise ihre zu starke Verbundenheit zu einem Seelengeschwisterchen ausdrücken.

Sandro ist ein achtjähriger Junge, der seit Jahren unter ständiger Müdigkeit leidet. Wie viele Stunden Schlaf er auch bekommt, er fühlt sich nie erholt. Bewegen mag er sich kaum. Schon nach kurzer Anstrengung wird sein Körper schlapp. Im Turnunterricht kann er mit den anderen Kindern nicht mithalten, was auch schon zu Hänseleien geführt hat. Sandro geht gern zur Schule und in der Familie wird ein liebevoller Umgang miteinander gepflegt. Soweit lässt sich keine Ursache für die Müdigkeit finden. Erste medizinische Abklärungen haben ergeben, dass Sandro organisch gesund ist. Wie immer frage ich nach, wie die Schwangerschaft verlaufen ist. Die Mutter hatte anfangs der Schwangerschaft Blutungen, ansonsten gab es keine Probleme. Die Geburt fand im Geburtshaus statt und verlief ohne Komplikationen. Allerdings konnte die Hebamme in der Plazenta die Reste eines zweiten Embryos erkennen.

Nachdem ich die ganze Geschichte gehört habe, sage ich zu Sandro: »Du hast einen Zwillingsbruder.« Er schaut mich ungläubig an. Die Mutter staunt und antwortet: »So habe ich mir das nie überlegt.«

Ich rate den beiden, den Zwillingsbruder in die Familie zu integrieren. Als Sandro das nächste Mal zu mir kommt, wirkt er viel lebendiger. Er sei weniger müde und könne jetzt den ganzen Schulweg rennend zurücklegen, erzählt er mir lachend. Seit er nicht mehr so langsam ist, wird er auch nicht mehr gehänselt.

Was ist da passiert? Die frühe Verlusterfahrung des Zwillingsbruders hat bei Sandro eine grundlegende Verunsicherung dem

Leben gegenüber ausgelöst. Er war innerlich immer auf der Hut. Unbewusst hat er damit gerechnet, dass jederzeit etwas Schlimmes passieren könnte. Dieser psychische Zustand ist sehr ermüdend und kann eine lähmende Wirkung haben. Menschen, die in Erwartung eines schwierigen Ereignisses sind, kennen dieses Gefühl. Durch das Erkennen, dass er noch einen Bruder hat, konnte sich die Lähmung bei Sandro lösen. Im Unterbewusstsein hat sich die Erfahrung »Ich werde alleingelassen« zu »Es gibt jemanden, der zu mir gehört« gewandelt. Von der Isolation zum Miteinander – das gibt Kraft und Lebensmut. Neben der Verunsicherung wirkt in solchen Fällen auch die Treue zum Seelenkind ermüdend.

Kinder sind normalerweise voller Energie und erholen sich sehr schnell wieder. Sie kennen das bestimmt: Sie unternehmen mit Ihren Kindern einen schönen Wanderausflug, die Kinder sind den ganzen Tag auf den Beinen, springen hierhin und dorthin, weil es überall etwas zu entdecken gibt. Am Abend fahren Sie zurück nach Hause, Sie sind total kaputt, und die Kinder fragen, ob sie vor dem Abendessen noch Fahrradfahren dürfen. Auf der Autofahrt nach Hause haben sich die Kinder erholt und sind wieder fit für neue Aktivitäten.

So sieht das normale Bewegungs-Erholungs-Muster von Kindern aus. Wenn Kinder stattdessen schnell ermüden, bei der kleinsten Anstrengung an ihre Grenzen kommen oder trotz genügender Schlafstunden morgens nicht erholt sind, dann muss man genauer hinschauen. In solchen Fällen lohnt es sich, die Kinder medizinisch abklären zu lassen.

Die Botschaft des Kindes

Lassen sich keine organischen Ursachen für die Müdigkeit finden und gibt es in der Familie ein Seelenkind, so sagt das müde Kind: »Ich bin auch ein bisschen tot.«

Eine heftige Aussage, ich weiß. Genau dieses Gefühl steckt aber hinter der Müdigkeit. Man kann das gleiche Phänomen bei

Erwachsenen beobachten, die einen schweren Verlust erleiden. Wenn die eigene Mutter oder der geliebte Partner stirbt, stirbt oftmals ein Teil unserer Selbst mit. Zumindest fühlt es sich so an, als ob ein Teil des eigenen Ichs ebenfalls tot wäre. Dies passiert, weil der Schmerz über den Verlust schwer auszuhalten ist. Die Liebe zu dem verstorbenen Menschen verleitet uns, etwas in uns sterben zu lassen, wenn wir verlassen werden. Viele Menschen erleben dies in der Trauerphase ganz bewusst und können das auch formulieren. Oftmals ist es ein Ausdruck für Sehnsucht. Indem man selbst auch ein bisschen stirbt, versucht man emotionale Nähe zum Verstorbenen aufzubauen. Der Verstorbene ist von uns weggegangen, und wir versuchen, ihm wieder nahe zu sein, indem wir die eigene Lebenskraft unterdrücken. In der Therapie geht es dann darum, die Trauernden zu einem neuen Gefühl und einer neuen Überzeugung zu führen. »Auch wenn du tot bist, lebe ich weiter.« Dies muss zur neuen verinnerlichten Haltung werden.

Kinder, die einen Zwilling verloren haben, sind besonders prädestiniert, dieses Muster zu verinnerlichen. Da der Verlust zu einer Zeit passierte, als kognitiv noch keine bewusste Verarbeitung der Erlebnisse möglich war, ist dieses »ein bisschen tot sein« ein diffuses, aber starkes Gefühl, das für das Kind normal ist. Es hat sich tief ins Unterbewusstsein eingegraben, ohne dass der Verstand Zugang zu dem Gefühl hat. Also drückt der Körper dieses Gefühl in Form von Müdigkeit aus. Das Unterdrücken der eigenen Lebenskraft muss schließlich Auswirkungen haben. In dieser Form mit einem Seelenkind verbunden zu sein, ist effektiv körperlich anstrengend. Da ist es besser, die Liebe auf andere Weise auszudrücken.

Magersucht

Es gibt eine noch stärkere Form der Botschaft »Ich bin auch ein bisschen tot«. Sie zeigt sich im Krankheitsbild der Magersucht. Das ist kein einfaches Symptom mehr, das sich leicht kurieren lässt. Magersucht ist eine sehr ernst zu nehmende Krankheit, bei der in jedem Fall medizinische und psychologische Hilfe in Anspruch genommen werden muss. Es ist eine heimtückische Krankheit, weil sie in vielen Fällen relativ harmlos beginnt mit dem Wunsch, ein paar Kilos abzunehmen. Der Start liegt meistens in der Pubertät.

Die Krankheit betrifft hauptsächlich Mädchen, aber auch ein Junge kann an Anorexie leiden. Wie der Name schon sagt, ist es eine Sucht. Die Sucht, möglichst wenig zu essen und den Körper zu absoluter Leichtigkeit zu führen. Leonie, die ein Buch über ihre Leidensgeschichte geschrieben hat, sagt dazu: »Eine Leichtigkeit, die sich in nichts aufzulösen scheint, verzaubert mich.«[22] Eine sehr schöne Beschreibung des inneren Ideals. Magersüchtige streben mit ihrem Verhalten eine Körperform an, die einem gesunden Körperbild komplett widerspricht. Sie möchten so dünn sein, dass der Körper kaum mehr spürbar und vor allem nicht mehr sichtbar ist. Viele erkrankte Mädchen erklären, sie möchten, dass ihr Körper verschwindet und sie sich ganz als geistiges Wesen erfahren können.

Die Magersucht ist ein Krankheitsbild, dessen Ursachen nur schwer geklärt werden können. Selten kann man eine einzelne Ursache ausmachen, in den meisten Fällen gilt es, einzelne Puzzleteile einer Biografie zusammenzusetzen, und auch dann kann man nie sicher sein, ob man wirklich verstanden hat, warum ein Kind oder eine junge Frau erkrankt ist. Nach psychologischen Erkenntnissen gelten eine nach Perfektion strebende Persönlichkeitsstruktur gepaart mit erfahrenen Traumata als mögliche auslösende Faktoren für die Krankheit. Auch ein sehr kontrolliertes Elternhaus, in dem emotionale Äußerungen unterbunden werden, wird als Risikofaktor genannt. Auch Hänseleien wegen der Körperform des Kindes oder Verunsicherung aufgrund der körperlichen Veränderungen während der Pubertät können zum Auslöser der Krankheit werden. Schlussendlich ist die Anorexie ein sehr komplexes Krankheitsbild, das bis jetzt nicht vollständig geklärt werden konnte. Jede Leidensgeschichte ist ganz individuell.

»Ich fürchtete mich vor dem Essen mehr als vor dem Tod«[23], sagt Leonie in ihrem Buch. Dies zeigt die große Not, in die die Betroffenen hineingeraten. Sie sind gefangen in einem diffusen Kreislauf aus Kontrollzwang, Perfektionsdrang und Selbstaufgabe. Magersüchtige streben nach der (vermeintlichen) körperlichen Perfektion. Auch in anderen Lebensbereichen ist es für sie wichtig, Vollkommenheit zu erlangen. Ein guter Notendurchschnitt beim Schulabschluss oder ein Auftritt als Solo-Geigerin im städtischen Symphonieorchester gelten dann als wichtige Leistungsziele. Sie verlangen von sich die Höchstleistung, ohne sich über die Errungenschaften freuen zu können. Stattdessen fühlen sie sich glücklich, wenn sie die Nahrungsaufnahme kontrollieren können. Manche Mädchen brauchen zwei Stunden, um einen Becher Magerquark zu essen, und sind danach stolz auf sich. Leonie hat sich zeitweise nur noch von Tütensuppen ernährt. Die Kontrolle über den Körper erleben die Mädchen als Erfolg. Sie haben die innere Macht, die natürlichen Bedürfnisse des Körpers wie den Hunger zu unterdrücken. Damit sind wir bei der Selbstaufgabe angelangt. Die Erkrankten verbieten ihrem Körper, überhaupt Bedürfnisse zu haben. Im Endeffekt sprechen sie sich selbst jegliche Körperlichkeit ab. Nicht selten führt die Krankheit zum Tod.

Aus spiritueller Sicht ist die Krankheit ein spannendes Phänomen. Die »Absage an das eigene Leben«[24] führt schlussendlich dazu, dass die Betroffenen einen harten Kampf ausfechten müssen. Während der Krankheit kämpfen sie gegen das Leben, und wenn sie den Weg ins Leben zurückfinden, kämpfen sie gegen die Sucht. Durch die angestrebte Perfektion möchten die jungen Frauen »die Welt verzaubern und sich zugleich von der Schuld ihres Körperseins befreien«.[25] Der Aspekt der gefühlten Schuld ist in meinen Augen ein wichtiges Indiz dafür, dass hinter der Krankheit ein frühgeburtliches Trauma steckt. Kinder, die sich schuldig fühlen allein dafür, dass sie geboren wurden, haben häufig eine Seelenschwester oder einen Seelenbruder. Dieses Muster haben wir bereits kennengelernt. Leider ist es so, dass sich daraus nicht nur harmlose Körpersymptome wie Bauchschmerzen oder Müdigkeit entwickeln können, sondern unter Umständen eine schwerwiegende Krankheit.

Nicole wächst in einer liebevollen Familie mit einer älteren Schwester auf. Der Vater hat einen eigenen Malerbetrieb, die Mutter kümmert sich zu Hause um die Kinder. Nicole ist immer gut in der Schule und besucht das Gymnasium. Mit siebzehn Jahren hört sie auf zu essen. Von einem Tag auf den anderen. Es ist nichts Schwerwiegendes vorgefallen, sie hat weder Schulangst noch Liebeskummer. Sie hat einfach das dringende Gefühl, nicht mehr essen zu können. Innerhalb kürzester Zeit ist sie bei einer Körpergröße von 1,70 Metern auf unter vierzig Kilo abgemagert. Ihre Mutter kommt zu mir, weil sie nicht weiß, wie sie ihrer Tochter helfen kann. Ich will, dass mir die Mutter von der Zeit erzählt, als Nicole noch ganz klein war. Damals war sie ein fröhliches und unbeschwertes Kind. Im Laufe des Gesprächs erzählt mir die Mutter, dass sie ihr erstes Kind verloren hat. Sie erzählt das ohne jede Regung. Da frage ich nach, ob das für sie nicht schlimm gewesen sei. Sie verneint mit der Begründung, dass die Natur schon wisse, was sie tue, und es für dieses Kind offensichtlich besser gewesen sei, nicht zur Welt zu kommen. Ich spüre die große Selbstverständlichkeit, mit der die Mutter an eine schicksalshafte Fügung glaubt.

Es bleibt die Frage, ob das Seelenkind innerhalb der Familie aber nicht doch einen Tribut forderte?!

Die Botschaft des Kindes

> Wenn ein junger Mensch an Anorexie erkrankt, gerät er in einen Sog. Die Sucht führt dazu, dass er dem Körper sein Recht auf Nahrung verweigert und somit sein Recht auf Leben. Magersüchtige versuchen, sich selbst unsichtbar zu machen. Richtet sich die Botschaft an ein Seelenkind, so sagen sie damit: »Ich folge dir nach.«

Sie versuchen, schon im Leben in einen rein geistigen Zustand zu kommen. Leonie ist »fasziniert von einer märchenhaften Zwischenwelt«[26] die sie mit ihrem Bewusstsein erreichen möchte. Die Anorexie selbst beschreibt sie als kleine, zauberhafte Fee, die über ihrer Schulter schwebt und eine Seelenverwandte von ihr ist. Sie wählt eine symbolische Beschreibung, die sehr an den Ausdruck von imaginären Freunden erinnert. Leonie kam mit einer Zwillingsschwester zur Welt. Ob es in der Familie ein Seelenkind gibt, weiß ich nicht. Aber die Wortwahl zeigt zumindest, welche Sehnsüchte zu diesem Krankheitsbild gehören. Ich kenne mehrere junge Frauen, die eine Magersucht durchlebt haben und in deren Familie eines oder mehrere Geschwister nicht zur Welt kommen konnten.

Insofern wage ich die Hypothese, dass dies eine mögliche Ursache für die Krankheit sein könnte. Insbesondere wenn ein unbemerktes Seelenkind in der Familie wirkt. Das ist eine große Schwierigkeit. Die große Unbekannte, wenn man so will. Da gerade die Seelenkinder, von denen niemand weiß, weil die Schwangerschaft zu kurz war, um bemerkt worden zu sein, eine große und teilweise verheerende Wirkung auf ihre Geschwister haben. »Ich fühlte mich so traurig und verlassen. Von wem verlassen, wusste ich aber nicht«[27], sagt Leonie. Dieses Gefühl haben viele Kinder und Erwachsene, die zwar nichts von einem Seelengeschwisterchen wissen, aber unbewusst spüren, dass ihnen im Leben jemand fehlt. Ich kenne Leonie und ihre Familie nicht, deswegen wage ich keine Prognose, ob das bei ihr der Fall ist. Ich nehme ihre Beschreibung trotzdem in diesem Buch auf, weil sie nicht nur exemplarisch für die Gefühle während einer Magersucht ist, sondern auch sehr treffend beschreibt, was Kinder unbewusst wahrnehmen können.

Nehmen wir an, ein Mädchen hat einen verlorenen Zwilling oder der Vater hat sich mit seiner Geliebten zu einer Abtreibung entschieden, weil sie zwar eine stürmische Affäre, aber kein gemeinsames Kind wollten. In beiden Fällen spürt das Mädchen die Abwesenheit eines Seelenkindes. Wenn sie das Fehlen als belastend empfindet, kann es sein, dass sie aus Solidarisierung ebenfalls versucht, der geistigen Welt nahe zu kommen. Sie macht dies, indem sie sich die Lebenserlaubnis entzieht. »Ich folge dir nach« bedeutet, dass sich das eigene Unterbewusstsein in einen todesähnlichen Zustand wünscht, um die Liebe und Verbundenheit zu einer anderen Seele auszudrücken.

Noch ein anderer Aspekt zeigt sich in der Magersucht: Kinder, die unbewusst versuchen, ihren Eltern ein früh verstorbenes Kind zu ersetzen, streben nach Perfektion. Dies kann sich nicht nur in einer Hyperaktivität ausdrücken, sondern im Extremfall zu einer Magersucht führen. Weil sich die Kinder schuldig fühlen, dass sie leben, während das andere Kind sterben musste, möchten sie sozusagen als Wiedergutmachung perfekt sein. Deswegen kann es auch bei Magersucht von großem Nutzen sein, wenn man eine Familienaufstellung macht, um herauszufinden, ob die Familie nicht kinderreicher ist, als sie denkt. Weiß die Familie von einem oder mehrerer Seelenkinder, ist es erst recht ratsam, ihr Schicksal zu würdigen und sie als wichtigen Teil der Familie anzuerkennen. Da die Magersucht vorwiegend während der Pubertät ausbricht, sind die Kinder alt genug, alle Übungen zur Integration der Seelenkinder für sich zu machen. Sie wirken auf jeden Fall stärkend.

Bei Magersucht sind grundsätzlich alle Übungen in diesem Buch hilfreich. Sie ersetzen aber auf keinen Fall die medizinische und therapeutische Hilfe. Wenn Ihr Kind an Magersucht erkrankt ist oder plötzlich ein auffallend verändertes Essverhalten zeigt, sollten Sie schnell handeln und ärztlichen Rat einholen.

Ich möchte dieses Kapitel über die körperlichen Manifestationen der unbewussten Liebe zu einem Seelenkind gern mit ein paar allgemeinen Tipps abschließen:

Wann immer Kinder über längere Zeit körperliche Symptome entwickeln, lohnt es sich, sie in irgendeiner Weise zu unterstützen. Ich habe gesagt, dass hinter jedem Krankheitssymptom ein seelisch-emotionales Thema steht. Kinder reagieren gut auf kleine therapeutische Impulse. Vielleicht haben Sie in Ihrer Nähe einen guten Naturheilpraktiker oder jemanden, der energetisch mit Kindern arbeitet. So lassen sich die körperlichen Beschwerden einfach und schnell lösen. Kinder reagieren häufig somatisch auf ein Ungleichgewicht in der Familie. Oft drücken sie nicht die eigenen Blockaden, sondern diejenigen der Eltern aus, oder sie reagieren auf eine schwierige Lebenssituation, mit der die Eltern zu kämpfen haben. Wenn Ihr Kind körperliche Probleme hat, die immer wieder auftreten und für die sie im Leben des Kindes keine direkte Ursache finden können, dann lohnt es sich unter Umständen, dass Sie Ihre eigenen Themen angehen und versuchen, Ihre persönliche Entwicklung positiv voranzubringen. Und wenn Sie jetzt zum Schluss gekommen sind, dass hinter den Beschwerden Ihres Kindes ein Seelenkind stecken könnte, wissen Sie, was zu tun ist.

Weiterführende Anregungen

Mit meinen Schilderungen möchte ich den Seelenkindern eine Stimme geben, auf dass sie zukünftig besser wahrgenommen werden. Gleichzeitig soll das Buch den Geschwisterkindern helfen. Das Wohlbefinden der Kinder zu stärken ist in meiner Arbeit immer das oberste Ziel, sowohl in der Praxis als auch hier im Buch. Nicht nur dadurch, dass die Eltern die Kinder und ihre Probleme besser verstehen können, auch ganz konkret durch die energetischen Übungen. Die Übungen und vor allem das veränderte Bewusstsein der Eltern schaffen eine neue Harmonie innerhalb der Familie, die für die Kinder stärkend ist.

Die Lösung findet jeder für sich

Man kann den Kindern helfen, den Schmerz aber nicht in jedem Falle wegzaubern. Kinder sind keine Maschinen, die man flicken kann, indem man eine lose Schraube festzieht. Kinder sind ebenso wie Erwachsene vielschichtige Persönlichkeiten, deren Gefühle in komplexem Zusammenspiel mit den Lebensgewohnheiten aufflammen. Es ist nicht immer so, dass sich der Schmerz über das Verhalten zeigt. Es gibt Kinder, die können ihren Schmerz verbal ausdrücken. Wir haben von Oliver gehört, der sich bewusst ist, dass er vor lauter Sehnsucht nicht schlafen kann. Auch Silvan, der so gerne Prinzessin spielt, erzählt seinen Eltern häufig, wie sehr er seine Zwillingsschwester vermisst.

Was kann man tun, wenn ein Kind offen sagt, dass es ein Seelenkind der Familie vermisst? Zuerst ist es wichtig, dass Sie als

Eltern diese Aussage ernst nehmen. Schön wäre, wenn Sie häufig Zeit finden würden, mit Ihrem Kind über das Seelenkind zu sprechen. Dabei dürfen Sie sich ruhig ausmalen, wie das gemeinsame Leben wäre, wenn dieses Kind da wäre. Ein möglicher Dialog:

»Silvan, wenn Mira bei uns wäre, würde in deinem Zimmer ein weiteres Bett stehen. Du müsstest deine Spielsachen mit ihr teilen. Du hättest immer jemanden, mit dem du spielen könntest. Manchmal würde sie dich nerven, und du würdest mit ihr streiten. Du könntest nicht immer deine Lieblingsfernsehsendungen gucken, Mira würde dich überzeugen, manchmal Frozen oder Lillifee zu schauen. Du könntest mit ihr lachen und ihr würdet euch gegenseitig kitzeln vor dem Schlafengehen. Mira würde dich trösten, wenn du mal traurig bist. Sie hätte eigene Freunde und wäre nicht jeden Nachmittag bei dir, weil sie auch mal Mädchenkram machen möchte. Aber ihr könntet euch immer erzählen, was ihr erlebt habt.«

Es ist wichtig, dass die Kinder verstehen, dass das Leben mit dem Seelenkind auch nicht immer nur schön wäre. Eltern und Kinder dürfen nicht der Illusion verfallen, das Seelenkind würde alles einfacher machen. Der Schmerz verleitet dazu, das Seelenkind zu verherrlichen. Wir neigen dazu, uns die Idealversion vorzustellen und nicht die mögliche Realität. Da das Seelenkind nie geboren wurde, ist es auch nie dazu gekommen, dass es die Geschwisterkinder oder die Eltern enttäuscht hat. Es hat keine konkreten Fehler gemacht wie eine Vase zerschmettert oder seinem Bruder in die Nase gebissen. Es schwebte immer über allem in reiner Perfektion. Aus dieser Vorstellung heraus wächst die Sehnsucht noch mehr. Wenn man sich als Eltern und Geschwister bewusst macht, dass das Seelenkind ein normales Familienmitglied ist, das genau wie die anderen Fehler machen und Probleme haben würde, so nimmt man ihm etwas von seiner Macht. Und das hilft. Es wird damit zwar entzaubert, dafür aber vermenschlicht. Dies schafft mehr gefühlte Nähe und senkt den Schmerz über den Verlust.

Gleichzeitig müssen die Eltern bedenken, dass sie, gerade nach dem Verlust eines Zwillings, ihrem Kind niemals den ganzen Schmerz abnehmen können. Dieser Schmerz gehört zur Biografie des Kindes. Während der Kindheit können Sie versuchen, den Schmerz Ihres Kindes erträglicher zu machen und es mithilfe der beschriebenen Übungen zu unterstützen. Schlussendlich wird es sich trotzdem selbst mit diesem Schmerz auseinandersetzen müssen. Und da dürfen Sie Ihrem Kind vertrauen: Es wird irgendwann für sich einen guten Weg finden, mit dem Verlust zu leben. Fragen Sie Ihr Kind, wie Sie ihm helfen können und was es braucht. Sie als Eltern können Ihrem Kind in diesem Prozess viel Unterstützung bieten, Sie können ihm aber nicht alles abnehmen. Das müssen Sie auch nicht, schließlich ist Ihr Kind ein eigenständiger Mensch.

Umgekehrt muss Ihr Kind nicht dafür sorgen, dass Sie sich nach einer Fehlgeburt oder Abtreibung besser fühlen. Auch Sie dürfen einen eigenen Weg finden, den Verlust zu verarbeiten. Sie dürfen für sich die Liebe zu Ihrem Seelenkind so leben, wie Sie es für richtig halten. Besonders sinnvoll ist es, wenn Sie als Paar einen Austausch über Ihre Gefühle pflegen können. Auch dadurch wird das Seelenkind gewürdigt. Je bewusster die Integration geschieht, umso positiver ist die Wirkung des Seelenkindes auf Ihre Familie.

Es gibt Eltern, die keine lebenden Kinder haben, sondern »nur« Seelenkinder. Gerade bei unerfülltem Kinderwunsch ist es unter Umständen so, dass den Eltern selbst und vor allem den Menschen in ihrem Umfeld nicht bewusst ist, dass aus diesem Paar eine Familie geworden ist. Vielleicht kam es bei geglückter Schwangerschaft wiederholt zu einem frühen Abort. Oder es gab mehrere Versuche künstlicher Befruchtung, bei denen zwar eine bestimmte Anzahl Eizellen eingesetzt wurden, diese sich aber nicht einnisten konnten. Welche Geschichte sich auch immer dahinter verbirgt, eines sollte man sich bewusst sein: Mutter oder Vater wird man, weil man ein Kind gezeugt hat. Nicht weil man ein Kind geboren hat. Dies ist für die meisten Menschen ein neuer, vielleicht auch irritierender Gedanke. Es ist mir sehr wichtig, dies zum Schluss noch deutlich zu machen: Die Elternschaft entsteht durch die Zeugung eines Kindes und nicht durch seine Geburt. Für Eltern von Seelenkindern ist es sehr bedeutsam, dass sie sich dessen bewusst sind. Wenn auch Sie zu diesen Eltern gehören, lassen Sie sich von unseren gesellschaftlichen Gepflogenheiten Ihre Elternschaft bitte nicht absprechen!

Sie fragen sich vielleicht, was Sie tun können, wenn Sie sich nicht ganz sicher sind, ob Sie ein Seelenkind haben oder nicht. Dazu kann ich Ihnen zwei Möglichkeiten zur Klärung darlegen.

Zuerst können Sie sich einen Moment Zeit nehmen für eine kurze Meditation. Setzen Sie sich bequem hin und stellen Sie sich die Frage: »Habe ich ein Seelenkind?« oder »Habe ich mehrere Seelenkinder?«. Ohne dass Sie eine Absicht hegen, wie die Antwort ausfallen soll, dürfen Sie nun still in sich hineinhorchen. Vielleicht taucht ein Gefühl, ein Bild oder ein Wort auf. Die meisten Menschen »wissen« unbewusst von ihrem Seelenkind, auch wenn sich dieses Wissen nicht im Verstand zeigt.

Sollte diese Übung Ihnen nicht weiterhelfen, können Sie eine Familienaufstellung machen. Bei einer Familienaufstellung werden entweder die einzelnen Familienmitglieder durch Stellvertreter aufgestellt oder man schaut ein spezifisches Thema an. Durch die Aufstellung erkennt man die richtige Struktur einer Familie und die Eltern spüren, welche Anzahl Kinder sich richtig anfühlt. Die Wahrheit zeigt sich immer durch emotionale Entspannung, die sich entweder in einem neuen Körperempfinden oder als direktes Gefühl im Herzbereich ausdrückt. Sie können wählen zwischen einer Aufstellung in der Gruppe oder einer Einzelaufstellung mit Bodenankern oder Holzfiguren. Therapeuten, die Aufstellungen anbieten, finden Sie im Internet.

Jede Erklärung erfasst nur einen Ausschnitt der Realität

Ich möchte nicht den Eindruck erwecken, dass jedes Kinderproblem durch energetische Verstrickungen in der Familie ausgelöst wird. Kinder sind eigene Persönlichkeiten mit einer eigenen Lebensgeschichte und kommen während des Aufwachsens immer wieder in Situationen, in denen sie Probleme entwickeln. Besonders wenn ein Entwicklungsschritt ansteht, kann ein Kind vorübergehend aus der Balance fallen und schwierige Verhaltensweisen entwickeln. Diese Veränderungen im Verhalten sind aber vorübergehend und lassen sich mit pädagogischen Maßnahmen gut begleiten und ausgleichen. An dieser Stelle eine hoffentlich entlastende Aussage für alle Eltern: Hat Ihr Kind ein Problem, sind nicht automatisch Sie der Auslöser dafür! Manchmal muss das Kind eine innere Hürde überwinden, um auch wieder ein ausgeglichenes Verhalten zeigen zu können.

Wenn Sie beim Lesen dieses Buchs bis hierher gedacht haben, dass sich für alle hier dargelegten Probleme, die beim Aufwachsen eines Kindes auftreten können, auch andere Erklärungen finden lassen, so haben Sie Recht. Wir Menschen sind komplexe Wesen, und unser Verhalten wird durch mannigfaltige innere und äußere Einflüsse gesteuert. Es gehört zum Wesen aller psychologischen und pädagogischen Betrachtungen, dass nur immer ein Ausschnitt der gesamt möglichen Realität erfasst werden kann. Wie es übrigens auch in anderen wissenschaftlichen Disziplinen der Fall ist.

Ich bin mir bewusst, dass man für alle beschriebenen Problemfelder auch andere sehr nachvollziehbare Erklärungen finden kann. Nicht immer, wenn Familien die in diesem Buch beschriebenen Phänomene erleben, ist ein Seelenkind der Grund dafür. Es gibt viele Ursachen für Kindersorgen, sodass es sich lohnen kann, die Dynamik der einzelnen Familie genau anzuschauen.[28]

Ich hoffe aber, dass ich mit meinen Ausführungen eine noch weitgehend unbekannte Erklärung zu all den bereits bekannten hinzufügen konnte.

Die spirituelle Dimension

Die spirituelle Dimension meiner Arbeit ist mindestens so wichtig wie die psychologisch-pädagogische Unterstützung der Familien. Ich möchte deswegen explizit auf diesen Aspekt eingehen, um auch in diesem Bereich Klarheit zu schaffen.

Meinen Wahrnehmungen und somit auch meinen Ausführungen liegt ein spirituelles Verständnis von Leben zu Grunde. Da ich die Gabe besitze, mit ungeborenen Kindern kommunizieren zu können, und manchmal auch von Verstorbenen Botschaften erhalte, gehe ich davon aus, dass das Leben nicht mit dem Tod endet. Mein Verständnis von Leben und Tod entspricht eher einem wiederkehrenden Kreislauf. Die Seele bereitet sich in der geistigen Welt auf das Leben vor, kommt als Mensch zur Welt und kehrt nach dem Tod wieder in die geistige Welt zurück. Wobei zwischen den beiden Welten keine harte Grenze gezogen ist. Die Welten gehen ineinander über, da sie den gleichen Ursprung haben.

Wie viel wir von der geistigen Welt erfassen können, hängt von unserem Bewusstsein ab. Betonen wir in unserer Weltanschauung die Informationen des Verstandes, so ist es schwer, die zarten Eingebungen der geistigen Welt zu bemerken. Wenn wir unsere Wahrnehmungsfähigkeit schulen, können wir hinter die Kulissen der materiellen Welt blicken und die Ebenen der geistigen Welt mit unserem Bewusstsein erkunden. So verschwinden die Grenzen zwischen den Welten, und wir erhalten Informationen, die über die Logik des Verstandes hinausgehen.

Dabei gilt es zu beachten, dass die materielle Welt selbst nichts anderes als Energie ist. Die Quantenphysik liefert wichtige Erkenntnisse dazu. Materie besteht aus Massen und dem Raum zwischen den Massen. Massen beziehungsweise Atome bestehen aus Atomkernen und Elektronen, den kleinsten elektrisch geladenen Elementarteilchen, die um den Kern herumschwirren. Der Atomkern und die Elektronen im Atom sind winzig klein; das Atom enthält hauptsächlich leeren Raum. Das heißt, Materie besteht nicht vor allem aus festem Material, wie wir uns das vorstellen, sondern fast nur aus Energie. Dies ist natürlich eine sehr vereinfachte Darstellung des Sachverhalts, aber für das hier benötigte Verständnis sollte sie ausreichend sein. Ulrich Warnke[29] beschreibt eindrücklich, dass Massen nichts anderes sind als Energiewirbel. Alles um uns herum und auch wir Menschen sind reine Energie, die sich uns in der verdichteten Form der Materie präsentiert. Durch die Verdichtung können wir einen Gegenstand sinnlich erfassen. Wenn ich eine Blume pflücke, so sehe ich die Farben des Blütenblatts, ich rieche ihren feinen Duft und spüre zwischen meinen Fingern die Beschaffenheit des Stängels. Dass ich die Blume als einen Gegenstand außerhalb meiner Selbst wahrnehme, ist eine Leistung meines Bewusstseins. In der Pädagogik spricht man von Objektivierung. Das Kind lernt durch Erfahrung, dass ein Gegenstand, den es greifen kann, nicht zu seiner Person, nicht zu seinem inneren Erleben gehört. So lernt es die Welt einzuteilen in innere Zustände wie Gedanken oder Gefühle und äußere Zustände wie Objekte, die einen umgeben.

Viele Menschen gehen mit der Überzeugung durchs Leben, real sei nur das, was man berühren oder messen kann. Aus der Quantenphysik weiß man heute jedoch, dass unsere Realität nicht durch die Objekte geschaffen wird, sondern in unserem Bewusstsein entsteht. Schon der Philosoph George Berkeley sagte 1710: »Materie besitzt nur insofern eine Realität, als sie durch irgendeinen Geist wahrgenommen wird.«[30] Er sagt, dass alle »Körper, die das große Weltgebäude ausmachen, keine Subsistenz außerhalb des Geistes haben, dass ihr Sein ihr Wahrgenommenwerden ist.«[31] Da herrscht Übereinkunft zwischen der

Argumentation der Quantenphysik und alten philosophischen Weltanschauungen: Alles was ist, ist nur deswegen, weil es von jemandem wahrgenommen wird. Wichtig ist, dass Sie verstehen, dass Realität nicht etwas ist, das einfach da ist. Realität entsteht, weil sich unser Bewusstsein mit einem Gegenstand oder Thema befasst. Umgekehrt heißt das: Weil ich etwas wahrnehmen kann, ist es Realität. Das steckt ja schon in dem Wort Wahrnehmung drin – ich nehme es als wahr an. In meinem Fall: Weil ich Seelenkinder wahrnehmen kann, bin ich in der Lage, dieses Buch zu schreiben und damit eine neue Realität zu schaffen, die sich andere Menschen aneignen können, indem sie dieses Buch lesen. Materie ist offensichtlich nicht alles, was unser Geist wahrnehmen kann. Genauso gut können wir hoch schwingende Energien wahrnehmen, die nicht materiell sind.

Menschen mit einer medialen Begabung empfangen Botschaften aus einer anderen Dimension. Aus einer Ebene außerhalb der sinnlich erfahrbaren Welt. Ich persönlich kann besonders gut ungeborene Kinder wahrnehmen. Das bedeutet, dass ich eine Schwangerschaft bemerke, noch bevor die Mutter selbst weiß, dass sie schwanger ist. Und ich kann Seelenkinder sehen, nachdem sie unsere Welt bereits verlassen haben. Dies ist mein Spezialgebiet. Das ist möglich, weil die Seele nach dem Tod nicht aufhört zu existieren. Der Physiker, Mediziner und Philosoph Gustav Theodor Fechner hat das sehr schön ausgedrückt. Er sagt, dass das Jenseits nicht irgendwo im Himmel zu finden ist, sondern eine höhere Entwicklungsstufe des Diesseits ist.[32] Den Tod vergleicht er mit der Metamorphose des Schmetterlings: Die Raupe stirbt nach der Verpuppung nicht, sie wird zum Schmetterling. Mit dem Sterbeprozess des menschlichen Körpers verhält es sich ebenso, er erreicht eine neue Entfaltungsstufe. Durch den Tod befreit sich die Seele aus dem Körper, und wie der Schmetterling seine Schönheit erst nach der Verpuppung zeigt, so entfaltet sich die Seele in der geistigen Welt und führt im Jenseits eine neue Form des Daseins. Deswegen ist es möglich, dass ein Medium Informationen von einem

Verstorbenen erhalten kann. Die Trennung von diesseits und jenseits kann durch unser Bewusstsein aufgehoben werden, sodass ein Informationsaustausch zwischen den beiden Ebenen möglich ist.

Die mediale Wahrnehmung von Seelen

Ich habe immer wieder Informationen von Seelenkindern erhalten, deswegen weiß ich so viel über sie. Viele Seelenkinder sind lange Zeit in der Aura der Mutter sichtbar. Es sieht so aus, als ob sie sich an die Mutter klammern würden. Manchmal ist es wirklich so, dass die Seelenkinder Mühe haben loszulassen, weil sie sehr gern zur Welt gekommen wären. Dann brauchen sie liebevolle Unterstützung beim Loslassen. Manchmal bleiben sie so nahe bei der Mutter, weil sie die Mutter mit ihrer Anwesenheit noch etwas trösten möchten. Oder weil sie ganz einfach die energetische Nähe zur Mutter genießen.

Bitte verwechseln Sie Seelenkinder, die in der Aura der Mutter sichtbar sind, nicht mit verhafteten Seelen. Verhaftete Seelen – in der Schweiz hat man früher auch von armen Seelen gesprochen – sind Seelen, die nach dem Tod den Weg in die geistige Welt nicht finden und lange in unserer Welt zurückbleiben. So wird das gemeinhin beschrieben. Die Seele ist ein multidimensionales Wesen, das nicht nur an einem einzigen Ort sein kann. Ich erkläre es gern mit einer Analogie: Sie können sich die Seele wie eine kleine Sonne vorstellen. Nach dem Tod ist die Seele wie die Sonne im Himmel, wobei Himmel hier symbolisch zu verstehen ist. Wie bei der Sonne die Strahlen, so erreicht auch bei der Seele ein Lichtstrahl die Erde. Auch wenn die Seele im Himmel ist: Ihr Licht ist in unserer Welt trotzdem wahrnehmbar. Dieser Lichtstrahl zeigt sich medial begabten Menschen in Gestalt des Menschen, der die Seele einmal gewesen ist. Wenn man Seelen sehen kann, so sieht man nie die ganze Seele, sondern nur einen Aspekt ihres Seins. Dieser Teil der Seele möchte eine Botschaft übermitteln oder etwas lösen, was im Leben nicht mehr möglich war. Deswegen erscheint er uns in Gestalt des Menschen, den wir gekannt haben. Damit wir das Anliegen verstehen. Wenn man eine Seele nach ihrem Tod wahrnehmen kann, heißt das nicht automatisch, dass die Seele nicht im Licht ist. Es heißt nur, dass sie noch etwas erledigen möchte. So ist es auch, wenn sich mir die Seelenkinder in der Aura der Mutter oder in der Aura der Geschwister zeigen. Manchmal sehe ich ein helles Licht, manchmal bekomme ich das Bild eines kleinen Kindes. Da ich über die Fähigkeit des Hellwissens verfüge, empfange ich nicht immer visuelle Eindrücke, sehr oft weiß ich einfach, dass noch ein Kind zu dieser Familie gehört. Die Seelenkinder machen sich bei mir bemerkbar, weil sie etwas zu sagen haben. Sie möchten den Eltern mitteilen, dass es sie gibt.

Tipps für Therapeuten

Die von mir entwickelte Form der Familientherapie verbindet pädagogisches Fachwissen mit spiritueller Weltanschauung. Als medial begabte Erziehungswissenschaftlerin befinde ich mich an der Schnittstelle zwischen zwei Disziplinen. Mein Ziel ist es, die Gegensätze zu überwinden und zu zeigen, dass die Kombination von Wissenschaft und Spiritualität neue Perspektiven eröffnet.

Wenn Sie therapeutisch mit Kindern und Familien arbeiten, kann Ihnen das hier vorgestellte Wissen von Nutzen sein. Sie können es als Ergänzung zu Ihrem Angebot betrachten. Grundsätzlich möchte ich meinen Fachkollegen vermitteln, wie die eigene Einstellung die Qualität des Erkenntnisprozesses und des therapeutischen Inputs verändern kann:

Ich habe gelernt, dass man schneller eine Lösung findet,

wenn man nicht zu sehr auf das Problem fokussiert. Wenn Sie eine Familie begleiten und nur sehen, was falsch läuft, werden Sie bloß handlungsorientierte Ratschläge geben können, ohne die Ursache des Problems zu erkennen. Die Gefahr dabei ist, das Verhalten der Kinder zu problematisieren. Damit wird man der Komplexität des kindlichen Erlebens nicht gerecht. Sieht man nur die Oberfläche des Verhaltens, nicht aber die emotionalen und energetischen Hintergründe, die zu diesem Verhalten geführt haben, kann man keine tiefgreifenden Veränderungen herbeiführen.

Eine ganzheitliche Herangehensweise hingegen bedeutet, die ratsuchende Familie als heiles System zu verstehen, indem alle ihr Bestes geben. Wenn Sie als Therapeut liebevoll auf die Familie und ihr Problem blicken, offenbaren sich neue Lösungswege. Dafür brauchen Sie keine hellsichtigen Fähigkeiten. Selbstverständlich ist es immer von Vorteil, die eigene Intuition zu schulen, wenn man sich beruflich um andere Menschen kümmert. Grundsätzlich hilft aber schon ein wohlwollender Blick auf das Problem dabei, sich von dem Problem zu lösen. Weil man allein durch das Wohlwollen eine symbolische Einladung ausspricht, dass die Schwierigkeiten der Familie in einem anderen Licht erscheinen und sich daraus erste Hinweise zur Lösung ergeben.

Familiäre Probleme zeigen sich früher oder später am Verhalten der Kinder. Kinder sind kleine Spiegel, die mit ihrem Verhalten verdeckte Tatsachen aufzeigen. Als Therapeut lohnt es sich deswegen, dass man sich die Frage stellt: Welcher Vorteil ergibt sich aus diesem Verhalten des Kindes? Wohin führt es? Welches Ziel erreicht das Kind damit?

Man sollte nicht nur die schwierigen Aspekte sehen, sondern den verborgenen Nutzen. Wenn ein Kind nicht schläft, ist das problematisch, weil die Eltern sich nicht erholen können. Der Vorteil ist, dass sie viel Zeit mit ihrem Kind verbringen können. Wenn Geschwister sich dauernd streiten, nervt das, weil sie sich die Chance verbauen, gemeinsam ins Spiel einzutauchen.

Der Vorteil ist, dass sie erfahren, dass andere eine eigene Meinung zu einer Sache haben, und dass sie lernen, mit Konflikten umzugehen.

Möchten Sie in Ihrer therapeutischen Arbeit die Familie als Ganzes sehen, sollten Sie die Seelenkinder immer mitbedenken. So werden Sie schneller zu einer Lösung kommen. Falls Sie am Beginn Ihrer Beratung eine Anamnese erstellen, fragen Sie in Zukunft nach frühzeitig beendeten Schwangerschaften. Gerade wenn Sie systemisch vorgehen, lohnt es sich, die Seelenkinder in das Genogramm mit aufzunehmen. Für Therapeuten, die systemisch arbeiten, ist die Einbeziehung der Seelenkinder meiner Meinung nach selbstverständlich. Sehr häufig zeigen sich die Seelenkinder erst in einer Familienaufstellung. Deswegen sollte diese Therapieform den Fokus noch verstärkter auf das Auffinden versteckter und unerkannter Seelenkinder legen.

Schlusswort

Lassen Sie mich zum Schluss noch meine persönliche Vision formulieren, was die Anerkennung der Seelenkinder gesellschaftlich bewirken könnte. Seelenkinder gibt es auf der ganzen Welt. Es gibt Kulturen, die sich der Bedeutung der Seelenkinder besser bewusst sind als wir in Europa. Es gibt aber auch Länder, in denen zum Beispiel mittels Geburtenregelungen Millionen von Kindern nicht zur Welt kommen dürfen. Und in jeder einzelnen dieser Familien wirken die Seelenkinder. Sie können noch Einfluss auf ihre Geschwister haben, wenn diese längst erwachsen sind.

Wenn wir uns nun vorstellen, wie viele Probleme gelöst werden können, indem wir nicht nur innerhalb der einzelnen Familie, sondern vielmehr innerhalb der Gesellschaft eine Möglichkeit finden, die Seelenkinder in unser Leben zu integrieren, dann eröffnen sich daraus hoffnungsvolle Perspektiven. Wenn wir auf kollektiver Ebene ein umfassenderes Familienbild kreieren können, schaffen wir damit eine friedvolle Atmosphäre des Miteinanders. Werden in den einzelnen Familien die Blockaden gelöst, ist dies die Voraussetzung für das Erleben einer glücklichen Kindheit. Aus glücklichen Kindern werden lebensfrohe, verantwortungsvolle Erwachsene, die einen liebevollen Umgang mit anderen Menschen pflegen. Hilfe für die einzelne Familie ist daher immer auch Hilfe für die Gesellschaft. Damit dies möglich ist, müssen wir über die Seelenkinder reden! In der Familie, unter Freunden, in therapeutischen Fachkreisen, in den Medien; kurz gesagt: auf gesellschaftlicher Ebene. Ein erster Schritt ist mit diesem Buch hoffentlich getan.

Übersicht der im Buch erwähnten Übungen

Übungen fürs Seelenkind

Mithilfe dieser Übungen kommen Sie Ihrem Seelenkind auf liebevolle Weise näher.

Meditation

Wer: Mutter / Vater für sich
Wozu: Kontaktaufnahme mit dem Seelenkind
Wie: Stellen Sie sicher, dass Sie nicht gestört werden. Setzen Sie sich bequem hin und atmen Sie tief ein und aus. Mit jedem Atemzug sinken Sie etwas mehr in Ihren Körper hinein. Ihr Körper wird schwer und weich. Visualisieren Sie in Ihrem Herzbereich ein helles Licht. Wie eine Sonne dehnt sich das Licht in Ihrem Herzbereich aus. Stellen Sie sich vor, in diesem Licht erscheint das Bild eines Kindes. Das Kind kommt auf Sie zu, und Sie dürfen es in die Arme schließen. Sie können dem Seelenkind alles sagen, was Sie bewegt. Und wenn Sie ganz still innehalten, so kann es sein, dass Sie eine Antwort erhalten. Sei es in Form eines Wortes, eines Bildes oder eines Gefühls. Genießen Sie die Nähe zu Ihrem Kind, so lange Sie möchten. Wenn Sie bereit sind, atmen Sie tief in den Körper hinein, bis sich das Bild des Kindes auflöst. Dann kommen Sie mit Ihrem Bewusstsein wieder zurück ins Hier und Jetzt.

Namen geben

Wer: Eltern gemeinsam
Wozu: um übers Seelenkind reden zu können
Wie: Genau wie Sie sich für Ihre lebenden Kinder ganz bewusst einen passenden Namen ausgesucht haben, so dürfen Sie auch Ihrem Seelenkind einen Namen geben, damit Sie jederzeit von ihm reden können. Es macht nichts, wenn Sie nicht wissen, ob Ihr Seelenkind ein Mädchen oder ein Junge geworden wäre. Hören Sie auf Ihr Gefühl und wählen Sie einen Namen, der Ihnen besonders gut gefällt.

Willkommensritual

Wer: ganze Familie
Wozu: das Seelenkind willkommen heißen
Wie: Finden Sie eine Möglichkeit, mit einem Ritual Ihr Seelenkind in der Familie willkommen zu heißen. Folgende rituelle Elemente können Sie einbauen, die Liste dient als Inspiration:

- eine Kerze anzünden – zu Hause oder in der Kirche,
- einen Brief ans Seelenkind schreiben,
- ein Lied singen,
- einen Baum pflanzen,
- einen Stellvertreter finden, den man zu Hause aufstellen kann,
- ein Bild malen,
- ein Gefäß töpfern,
- Blütenblätter in einem Bach schwimmen lassen,
- ein Ballon in den Himmel fliegen lassen,
- Steine farbig anmalen und in den Garten legen.

Übungen, für die Eltern

Diese Übungen helfen Ihnen als Eltern, die energetische Ordnung Ihrer Familie zu verinnerlichen.

Das Familienbild korrigieren

Wer: Mutter / Vater für sich
Wozu: das Seelenkind als Kind annehmen
Wie: Stellen Sie sich Ihre Familie vor: Ihr/e Partner/in, die gemeinsamen Kinder und Sie selber. Stellen Sie nun zu diesem inneren Bild das Seelenkind dazu, so wie Sie sich Ihr Seelenkind vorstellen. Wenn Sie denken »meine Familie«, so sollte in Zukunft immer dieses Bild vor Ihrem inneren Auge auftauchen. Wichtig ist auch, dass Sie sich bewusst machen, welches Kind auf welchem Platz steht. Noch besser ist es, wenn Sie Ihren Kindern kommunizieren, wie die richtige Geschwisterreihenfolge ist. Dies ist die wichtigste Übung überhaupt. Für die Harmonie innerhalb der Familie ist es von essentieller Wichtigkeit, dass die Eltern das richtige Familienbild verinnerlicht haben.

Ich bin ich – du bist du

Wer: Vater / Mutter mit einem der Kinder
Wozu: Dies ist eine sehr wertvolle Übung, die für alle Familien hilfreich ist, auch wenn keine Seelenkinder zur Familie gehören. Die Übung ermöglicht es dem, der sie ausführt, eine positive Abgrenzung zu einem anderen Familienmitglied zu finden.
Wie: Nehmen Sie ein leeres weißes Blatt Papier ohne Linien. Zeichnen Sie eine große stehende Acht. In den unteren Kreis schreiben Sie Ihren eigenen Namen, mit allen Vor- und Nachnamen die Sie haben. In den oberen Kreis schreiben Sie den Namen Ihres Kindes oder der Person, mit der Sie die Übung

machen möchten. Sie machen die Übung alleine für sich. Nehmen Sie sich zwei bis drei Minuten dafür Zeit. Fahren Sie mit einem Stift die Acht nach und sagen dabei laut: »Ich bin ich. Du bist du.«
Zwei Wochen lang jeden Tag auf dem gleichen Blatt Papier. Dann die Kreise auseinander schneiden.

Die Familie als Schachbrett

Wer: die ganze Familie
Wozu: Visualisierung der Familienordnung
Wie: Zeichnen Sie ein Schachbrett und weisen sie jedem Familienmitglied ein Feld zu. Dies kann mit Fotos oder mit Zeichnungen gestaltet werden.
Eine Variante der Übung ist es, einen Kreis zu zeichnen und wie bei einem Kuchendiagramm gleich große Felder einzuzeichnen. Wichtig ist, dass die Kinder und auch Sie als Eltern erkennen, dass es wohltuend ist, wenn das Seelenkind auch seinen Platz einnehmen kann.

Übungen für die Geschwister

Diese Übungen sind energetische Werkzeuge, die Sie zum Wohle Ihres Kindes einsetzen können, ganz unabhängig davon, ob Sie in Ihrer Familie ein Seelenkind haben oder nicht. Die Übungen wirken stärkend und ausgleichend, sodass Ihr Kind energetisch im Lot ist.

Erdung über die Füße

Wer: der Vater mit dem Kind
Wozu: um das Kind zu erden/um das Einschlafen zu erleichtern/um Geburtsblockaden zu lösen

Wie: Sie halten Ihrem Kind die Füße so, dass in Ihrer linken Hand der rechte Fuß des Kindes liegt und in Ihrer rechten Hand der linke Fuß des Kindes. Am einfachsten ist es, wenn das Kind auf dem Rücken liegt. Auf der Achillesverse befindet sich der energetische Punkt des Vertrauens. Wenn Sie diesen Punkt liebevoll umschließen, erfährt das Kind ein starkes Gefühl der Sicherheit. Halten Sie die Füße für mindestens zehn Minuten fest. Dabei stellen Sie sich vor, Sie würden die Energie des Kindes vom Kopf in die Füße ziehen. Ohne dass Sie dabei an den Füßen ziehen, die Vorstellung genügt.

Das Ich-Gefühl stärken

Wer: Vater / Mutter mit dem Kind oder das Kind für sich
Wozu: Ich-Gefühl / Selbstvertrauen des Kindes zu stärken.
Wie: Klopfen Sie dem Kind mehrmals sanft aufs Brustbein. Unter dem Brustbein befindet sich die Thymusdrüse, welche Informationen in den Körper sendet. Während des Klopfens sagen Sie: »Du bist…« und den Namen des Kindes.
Sie können die Übung morgens beim Aufstehen und abends vor dem Einschlafen machen. Ist Ihr Kind bereits fünf Jahre oder älter, macht es Sinn, wenn das Kind selbst klopft und seinen Namen sagt. Hat ein Kind mehrere Vornamen, so müssen zwingend alle Namen genannt werden. Der zweite Vorname ist der sogenannte Kraftname, der das Kind zusätzlich stärkt.

Wut-Ritual

Wer: das Kind, falls nötig in Begleitung eines Elternteils
Wozu: ausgeglichene Emotionalität des Kindes
Wie: Besorgen Sie für Ihr Kind ein grosses Kissen, in welches es jederzeit hineinschlagen oder -boxen darf.
Wut lässt sich auch sehr gut über Worte ausdrücken. Deswegen hilft es, wenn Ihr Kind einmal pro Woche in einer begleiteten Sequenz, alle Schimpfworte aufsagen oder schreien

oder singen darf, die sonst im Familienwortschatz verpönt sind. Insbesondere zur Begleitung von Musik zu schimpfen, macht höllisch Spaß und führt zu einer Entladung der gestauten Gefühle.

Die zentralen Übungen des Buches

Übung	In welchen Fällen?
Über das Seelenkind sprechen	immer
Familienbild korrigieren	immer
Ich bin ich – du bist du	Kind übernimmt zu viel Verantwortung, Kind ist zu sehr mit einem Seelenkind verbunden, Geschwisterstreit
Erdung über die Füße	Schreibaby, Mutter nach der Geburt, Schlafschwierigkeiten, Hyperaktivität, Wutausbrüche, Bauchschmerzen, Magersucht
Ich-Gefühl stärken	Hyperaktivität, Wutausbrüche, Geschwisterstreit, Mobbing, Übergewicht, Magersucht
Familie als Schachbrett	Imaginäre Freunde, Geschwisterstreit, Mobbing, Übergewicht, Magersucht

Übersicht aller Übungen nach Themen geordnet

Problem des Kindes	Übungen
Kind übernimmt zu viel Verantwortung für die Eltern	Ich bin ich – du bist du
Kind ist zu sehr mit einem Seelenkind verbunden	Ich bin ich – du bist du Ich-Gefühl stärken
Schreibaby	Erdung über die Füße, Geburtsgeschichte erzählen, In die Füße atmen
Schlafschwierigkeiten	Erdung über die Füße, Schlafen ist schlafen – sterben ist sterben, Den Tag besprechen, Zimmer ausräuchern, Lift fahren
Imaginäre Freunde	Seelenkind integrieren nach Idee des Kindes, Familie als Schachbrett
Hyperaktivität	Erdung über die Füße, Ich-Gefühl stärken, Kraft des Vaters spüren
Wutausbrüche	Stampfen und schimpfen, Schlagen erlaubt, Mein Freund der Baum, Ich-Gefühl stärken, Erdung über die Füße
Geschwisterstreit	Die richtige Reihenfolge, Familie als Schachbrett, Ich-Gefühl stärken, Ich bin ich – du bist du: (die Geschwister können die Übung untereinander machen)

Mobbing	Familie als Schachbrett, Ich-Gefühl stärken
Übergewicht	Platzhalter aufstellen, Ich-Gefühl stärken, Familie als Schachbrett
Bauchschmerzen	Sonne im Bauch, Erdung über die Füße
Magersucht	Erdung über die Füße, Ich-Gefühl stärken, In die Füße atmen: ältere Kinder können das gut erlernen, Familie als Schachbrett
In jedem Falle	Über die Seelenkinder sprechen, Familienbild korrigieren

Dank

Ich möchte mich von Herzen bedanken bei Sonia Gembus für die wunderbare Zusammenarbeit und ihre Begeisterung für mein Buchprojekt. Ebenso gilt mein Dank dem ganzen Team des Kösel-Verlags. Die große Unterstützung, die ich von Seiten des Verlags erfahren darf, ehrt mich sehr. Ich danke Ulrich Ehrlenspiel, dass er mir die Türen zum Verlag geöffnet hat. Dies war möglich durch das Projekt »Schreibglück«, das Veit Lindau initiiert hat. In diesem Projekt entstand das Konzept zu diesem Buch.

Ein besonderer Dank geht an all meine Klienten, die ich während der letzten Jahre begleiten durfte. Nur dank ihnen kann ich auf einen so reichen Erfahrungsschatz zurückgreifen. Besonders möchte ich mich bei den Familien bedanken, die einer Veröffentlichung ihrer Geschichte zugestimmt haben. Die Beispiele sind für das Buch sehr wertvoll.

Natürlich sollen auch meine Familie und meine Freunde nicht unerwähnt bleiben. Ich bin glücklich, euch alle in meinem Leben zu haben. Und dann sind da noch meine Zwillingsschwester in der geistigen Welt und meine Seelenkinder: dank euch weiß ich nicht nur theoretisch über dieses Thema Bescheid, dank euch habe ich alle Gefühle, die dazugehören, durchlebt.

Anmerkungen

1. www.swissmom.ch
2. www.fehlgeburt.at
3. www.americanpregnancy.org
4. Austermann, Alfred & Bettina: *Das Drama im Mutterleib. Der verlorene Zwilling.* (4. Aufl.) Berlin: Königsweg-Verlag, 2012, S. 19
5. www.muetterberatung.de
6. Ruppert, F. & Banzhaf, H.: *Mein Körper, mein Trauma, mein Ich.* Anliegen aufstellen – aus der Traumabiografie aussteigen. München: Kösel, 2017, S. 33
7. Rankl, Christine: *Endlich durchschlafen.* Schlafprobleme verstehen und lösen. Ostfildern: Patmos, 2010, S. 18
8. Ebd. S. 77
9. www.gerald-huether.de
10. Seel, Norbert M.: *Psychologie des Lernens.* Lehrbuch für Pädagogen und Psychologen. München: Ernst Reinhardt Verlag, 2000, UTB für Wissenschaft, S. 49
11. Marjorie Taylor, University of Oregon, Aufsatz zu imaginären Freunden unter: https://izi.br.de/deutsch/publikation/televizion/15_2002_1/taylor 15_1.htm
12. www.gerald-huether.de
13. Ebd.
14. Ebd.
15. www.mit-kindern-lernen.ch
16. www.blog.dahlke.at
17. Warnke, Ulrich: *Quantenphilosophie und Spiritualität.* Der Schlüssel zu den Geheimnissen des menschlichen Seins. (5. Aufl.) Berlin & München: Scorpio Verlag, 2015, S. 13
18. www.bettnaessen.ch
19. Ebd.
20. www.blog.dahlke.at
21. Hay, Louise L.: *Gesundheit für Körper und Seele.* (6. Aufl.) Berlin: Allegria im Ullstein Taschenbuch, 2013, S. 272

22. Leonie: *Federleicht*. Wenn Nichts glücklich macht. Gockhausen: Wörterseh Verlag, 2012, S. 140
23. Ebd. S. 140
24. Hay, Louise L.: *Gesundheit für Körper und Seele*. (6. Aufl.) Berlin: Allegria im Ullstein Taschenbuch, 2013, S. 298
25. Bergmann, Wolfgang: *Das Drama des modernen Kindes*. Hyperaktivität, Magersucht, Selbstverletzung. Weinheim & Basel: Beltz Taschenbuch, 2006, S. 66
26. Leonie: *Federleicht*. Wenn Nichts glücklich macht. Gockhausen: Wörterseh Verlag, 2012, S. 140
27. Ebd. S. 12
28. Siehe dazu: *Heim, Sereina: Familienbalance – 7 Wege zu einer harmonischen Eltern-Kind-Beziehung*. München: Kösel-Verlag, 2019
29. Warnke, Ulrich: *Quantenphilosophie und Spiritualität*. Der Schlüssel zu den Geheimnissen des menschlichen Seins. (5. Aufl.) Berlin & München: Scorpio Verlag, 2015, S. 59
30. Ebd. S. 135
31. Berkeley, George: *Eine Abhandlung über die Prinzipien der menschlichen Erkenntnis*. Stuttgart: Philipp Reclam jun., 2005, S. 38
32. Warnke, Ulrich: *Quantenphilosophie und Spiritualität*. Der Schlüssel zu den Geheimnissen des menschlichen Seins. (5. Aufl.) Berlin & München: Scorpio Verlag, 2015, S. 28